初歩から実用まで

100題で学ぶ
表計算

第4版

Excel 2016/2019 対応

森 夏節、常見ひろこ【著】

=C3&"_"&D3

=COUNTIF

=VLOOKUP(B4

=SUM(A1:B10

=RANK.EQ(

日経BP

はじめに

　これから表計算を学ぼう、もう一度勉強し直したい、という人がLesson1から始めてLesson100を終える時には表計算ソフトのエキスパートになるようなレールが、本書には引かれている。もちろん、使う人が自分の実力に合わせて途中からこのレールに乗ることもできるようになっている。

　IT化社会の成熟期をむかえている今日では、コンピュータリテラシーとして要求される内容も多様化していて、表計算ソフトのスキルも教育、研究、ビジネスとあらゆるシーンに無くてはならないものになっている。

　表計算ソフトに関する書籍も数多く販売されているが、本書には筆者らが長年、情報教育に携わっている経験を生かした他に見られない特徴を持たせた。

　まず、操作方法の解説を主とするのではなく、演習問題を多く解くことによってスキルが身につくような構成にした。このような実力がつけば、たとえソフトウェアのバージョンが変わっても、さほど困ることはない。

　また、操作スキルの理解と習得のじゃまにならないように、入力部分をできるだけ平易にした。例題を解く以前の「例題の入力」に苦労している学生の姿をたびたび目にしてきたので、初心者でも入力で後れを取らないような工夫をした。日本語を得意としない留学生でも無理なく使用できるであろう。

　本版ではExcel 2013、2016、2019、またMicrosoft 365にも対応しており、100題目を解き終わった時に、読者が確かな表計算ソフトのスキルを習得していることが筆者らの願いである。

森　夏節

常見ひろこ

目 次

本書の使い方

制作環境

本書は、以下の環境で制作、検証した。

- ・Windows 10
- ・Excel 2016, Excel 2019
- ・画面解像度を横1600ピクセルに設定し、ウィンドウを全画面表示にした状態。
  - ※上記以外の解像度やウィンドウサイズで使用すると、リボン内のボタンなどが誌面と異なる形状で表示される場合がある。
- ・ワークシート全体のフォントを［MS Pゴシック］に指定。

レッスン開始前の操作

Excel 2016で新規ブックを作成すると、ワークシート全体のフォントが［游ゴシック］、標準の行の高さが［18.75］になる。一方、本書はフォントを［MS Pゴシック］、標準の行の高さを［13.50］で制作している。見た目を本書にあわせるには、レッスン開始時に新規ブックを作成したら、［ページレイアウト］タブの［フォント］ボタンをクリックし、［Office 2007-2010］を選択する。

Excel 2019での利用

本書の解説やレッスンの範囲内では、Excel 2019もほとんど相違点がないので、そのまま実習できる。

「レッスンごとの解説と解答例」（PDFファイル）を以下のWebページからダウンロードできる。

https://project.nikkeibp.co.jp/bnt/atcl/21/S60100/

※ファイルのダウンロードには日経IDおよび日経BPブックス＆テキストOnlineへの登録が必要（いずれも登録は無料）

■ おことわり

本書発行後の機能やサービスの変更により、誌面の通りに表示されなかったり操作できなかったりすることがある。その場合は適宜別の方法で操作すること。

Windows の基礎知識

OS とは

Operating System の略。コンピューターのハードウェア、ソフトウェア（アプリケーションソフト）を有効に利用するために総合的管理を行うソフトウェアのことをいう。代表的なものがMicrosoft社のWindowsである。Windows 7、Windows 8、Windows 10 などのバージョンがある。

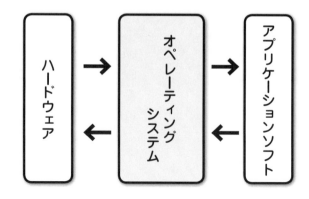

Windows の画面構成 （以下の説明は Windows 10 の例）

Windowsという名前の通り、複数の窓を開いて、複数の仕事を同時に処理できる。

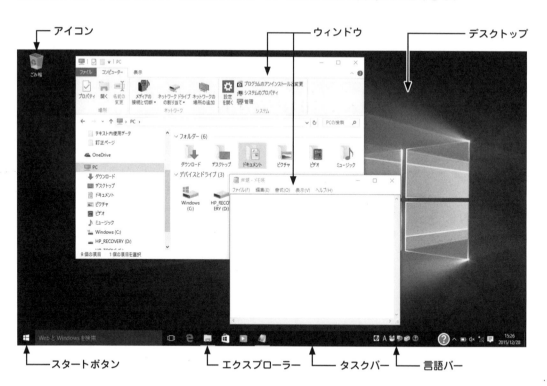

デスクトップ ………… 机上を意味し、パソコンの画面を机の上に見立てて呼んでいる。
アイコン ……………… プログラムなどを絵ボタンであらわしたもの。
スタートボタン ……… アプリケーションソフト（プログラム）の起動や、Windowsの終了時に用いる。
タスクバー …………… 使用中のプログラム（タスク）を表示する。
言語バー ……………… 入力や変換などの日本語入力システムを表示する。表示するには、コントロールパネル→入力方法の変更→詳細設定で指定する。

🗇 エクスプローラー

Windowsで階層的に管理されているドライブ、ファイルなどを表示できる。

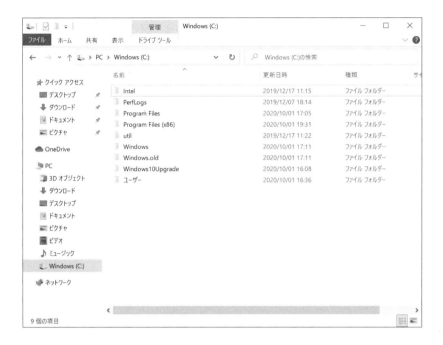

🗇 デバイスとドライブ

コンピューターに接続されている
ドライブを一覧することができ
る。(エクスプローラー→PC)

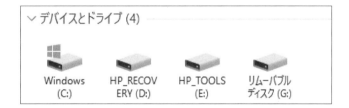

🗇 プロパティ

指定したファイル、ドライブなど
の使用状態や設定を見ることがで
きる。(確認したいファイルやド
ライブ上で右クリック→プロパ
ティ)

Excelの画面構成

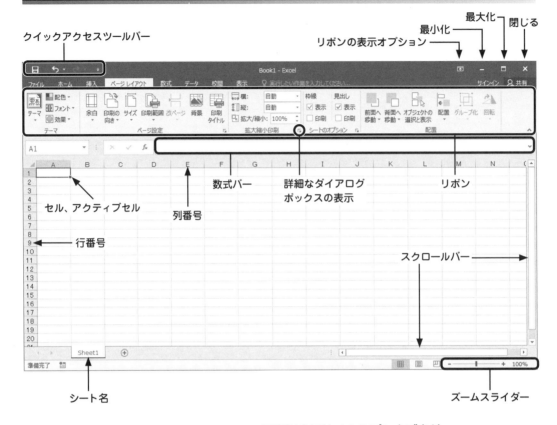

クイックアクセスツールバー

最小化　最大化　閉じる

リボンの表示オプション

数式バー

セル、アクティブセル

列番号

行番号

詳細なダイアログ
ボックスの表示

リボン

スクロールバー

シート名

ズームスライダー

※2019には＜ヘルプ＞タブあり

リボンの詳細

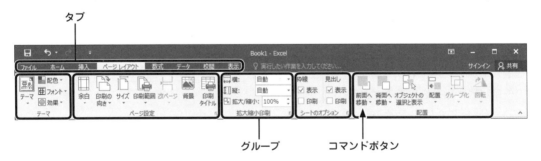

タブ

グループ　コマンドボタン

リボン ………… タブとコマンドボタンが配置されている画面領域。
グループ ……… コマンドボタンを目的や用途によってまとめたもの。

文字の入力

🔅 日本語入力システム

Excel起動時は日本語入力が可能な状態ではないので、必要に応じて日本語入力をオンにする。

Microsoft IME

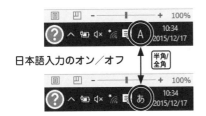

日本語入力のオン／オフ

「A」または「あ」を右クリックしメニューを表示する

🔅 IMEパッドの活用

読みがわからない文字はIMEパッドを活用するとよい。

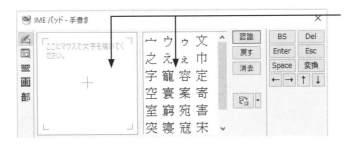

任意の文字をマウスパッドでなぞって書き、漢字一覧から候補を選ぶ

🔅 ファンクションキーの使い方

全角ひらがな	F6	「なまえ」					
全角カタカナ	F7	「ナマエ」					
半角カタカナ	F8	「ﾅﾏｴ」					
全角英数	F9	「ｎａｍａｅ」	F9	「ＮＡＭＡＥ」	F9	「Ｎａｍａｅ」	
半角英数	F10	「namae」	F10	「NAMAE」	F10	「Namae」	

🔅 文字の訂正・削除

セルの内容をすべて訂正 …… 新しいデータを上書きし、Enterキーで確定する。
セルの内容を一部訂正 ……… 数式バーをクリックし、Back space Deleteキーなどで訂正する。

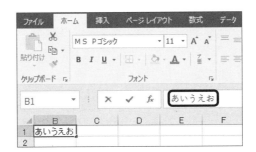

セルの内容をすべて削除 …… 削除したいセルを選択後、Deleteキーを押す。

データの保存と呼び出し

データの保存

データを記憶装置に保存する。

① ＜ファイル＞タブ → ＜名前を付けて保存＞を選ぶ。

主な記憶装置

ハードディスク：通常はパソコン本体に内蔵されていて、「ローカルディスク」などと表示される。
USBメモリー：USBコネクタに接続して使用する、持ち運び可能な記憶装置で、「リムーバブルディスク」などと表示される。

② ＜参照＞からデータの保存先を指定し、ファイル名を入力する。

※保存してあるファイルを編集し、再度保存する時は「上書き保存」を選ぶ。

データの呼び出し

保存してあるデータを呼び出す。

① ＜ファイル＞タブ → ＜開く＞を選ぶ。

② ＜参照＞からデータの保存場所とファイル名を指定する。

データの入力

データの種類

データには数値データと文字データがある。

数値データはセル内で右揃えになり、──────────→

文字データはセル内で左揃えになる。──────────→

数値と文字の混合データは文字データとなる。──────────→

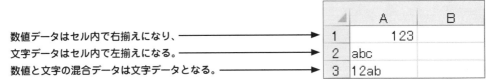

※数値データを文字データとして扱いたい場合は「'」アポストロフィーをつける。

連続データの入力

オートフィル機能を使うと連続データが容易に入力できる。

■ 文字データ

フィルハンドルをドラッグすると、連続データが入力される。

※連続データに該当する文字がない場合は、
同じデータが単純にコピーされる。

■ 数値データ

1つのセルに数値を入力したあと、フィルハンドルをドラッグし、＜オートフィルオプション＞ボタンから＜連続データ＞を選ぶと、連続データが入力される。

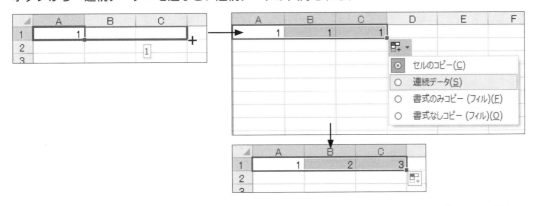

増減分がわかるように2つのセルに数値データを入力し、オートフィルハンドルをドラッグすると、さまざまな増減の連続データが入力できる。

Lesson 1　データの入力 1

下記のようにデータを入力しなさい。

	A	B	C	D	E	F	G
1		名前	年齢	性別	身長	体重	
2		さとう	23	男	178	80	
3		いとう	18	男	165	58	
4		たなか	35	女	161	50	
5		えもと	21	男	182	84	
6		おいかわ	40	女	155	52	
7		あさの	27	女	170	55	
8		すずき	19	女	147	40	
9		うえだ	42	男	168	72	
10							

Lesson 2　データの入力 2

下記のようにデータを入力しなさい。

	A	B	C	D	E	F	G
1		地域別高齢者数					
2					（人）		
3		地域	2019年	2020年	2021年		
4		A	850	1000	1250		
5		B	119	145	151		
6		C	56	107	182		
7		D	51	55	35		
8		E	32	48	127		
9		F	27	34	48		
10							

※作成したシートは、右上に書かれているファイル名をつけて保存しなさい。

Lesson 3　データの入力 3

下記のようにデータを入力しなさい。

	A	B	C	D	E	F	G
1							
2							
3		コンピュータ室使用状況					
4							
5			1時間目	2時間目	3時間目	4時間目	5時間目
6		月曜日	○	○			
7		火曜日			○		
8		水曜日			×	△	◎
9		木曜日		×			
10		金曜日			◎	○	
11		土曜日		△			
12							

Lesson 4　データの入力 4

下記のようにデータを入力しなさい。

	A	B	C	D	E	F	G
1							
2							
3		売上データ					
4						（万円）	
5		年	第1期	第2期	第3期	第4期	
6		2016年	2400	4100	3510	3890	
7		2017年	1800	1800	2580	3600	
8		2018年	2000	1850	1990	2500	
9		2019年	2700	2500	2920	3070	
10		2020年	3330	4100	3100	5100	
11		2021年	5710	6200	5010	6230	
12							

四則演算

四則演算で使用する記号

加算（足し算）	＋	減算（引き算）	－	
乗算（掛け算）	＊	除算（割り算）	／	

計算方法 （ファイルL-2を呼び出し、F3に「合計」、G3に「平均」と入力しなさい。）

① 答えを出すセルをアクティブにし、キーボードから「＝」を入力する。

PMT	▼	⋮	×	✓	*fx*	=		
◢	A	B	C	D	E	F	G	H
1		地域別高齢者数						
2								
3		地域	2019年	2020年	2021年	合計	平均	
4		A	850	1000	1250	=		

② 式の入力はセル番地を指定する。

　式に用いるセルをクリックし、演算記号はキーボードから入力する。

E4	▼	⋮	×	✓	*fx*	=C4+D4+E4		
◢	A	B	C	D	E	F	G	H
1		地域別高齢者数						
2								
3		地域	2019年	2020年	2021年	合計	平均	
4		A	850	1000	1250	=C4+D4+E4		

③ Enter でセルには答えが、数式バーには式が表示される。

F4	▼	⋮	×	✓	*fx*	=C4+D4+E4		
◢	A	B	C	D	E	F	G	H
1		地域別高齢者数						
2								
3		地域	2019年	2020年	2021年	合計	平均	
4		A	850	1000	1250	3100		

※G4に平均を求めなさい。　式　＝　F4／3

オートフィルを使った数式コピー

計算式が入っているセルからフィルハンドルでドラッグすると、数式がコピーされる。

F4	▼	⋮	×	✓	*fx*	=C4+D4+E4			
◢	A	B	C	D	E	F	G	H	I
1		地域別高齢者数							
2									
3		地域	2019年	2020年	2021年	合計	平均		
4		A	850	1000	1250	3100	1033.333		
5		B	119	145	151				
6		C	56	107	182				
7		D	51	55	35				

Lesson 5　　四則演算 1

1. 次の式から、4人のアルバイト代支給額をG5からG8に求めなさい。
   ・小　計＝時給×時間数
   ・税　金＝小計×税率（10%）
   ・支給額＝小計－税金
2. E9からG9に各項目の合計を求めなさい。

	A	B	C	D	E	F	G
1							
2		アルバイト代の計算					
3							
4			時給	時間数	小計	税金	支給額
5		さくらい	950	20			
6		のぐち	890	18			
7		いとう	1000	22			
8		こまだ	900	16			
9				合計			
10							

Lesson 6　　四則演算 2

1. ファイルL-1を呼び出しなさい。
2. G3に「肥満度」の項目を作りなさい。
3. BMI法（Body Mass Index）を用いて、G列に肥満度を求めなさい。
   　　　計算式 ： BMI＝体重(kg)÷身長(m)÷身長(m)　　※ 身長の単位に注意

	A	B	C	D	E	F	G
1		名前	年齢	性別	身長	体重	肥満度
2		さとう	23	男	178	80	
3		いとう	18	男	165	58	
4		たなか	35	女	161	50	
5		えもと	21	男	182	84	
6		おいかわ	40	女	155	52	
7		あさの	27	女	170	55	
8		すずき	19	女	147	40	
9		うえだ	42	男	168	72	
10							

【参　考】　肥満度　26.5以上　太りすぎ　24.1～26.4 太りぎみ
　　　　　　　　　　　20.0～24.0　普通　　20.0未満　やせ

簡単な罫線

コマンドボタンを使い簡単な罫線を引くことができる。

① 罫線を引きたいセルを範囲指定する。

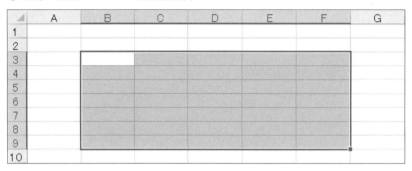

② ＜ホーム＞タブ→＜フォント＞グループ→＜罫線＞から目的の罫線を選択する。

※複数の線種を用いるときは、後から
　指定したものに上書きされる。

※すでに引いた線を削除したいときは、
　「枠なし」を選ぶ。

練習 「格子」と「太い外枠」と「下二重罫線」を組み合わせて表を作成しなさい。

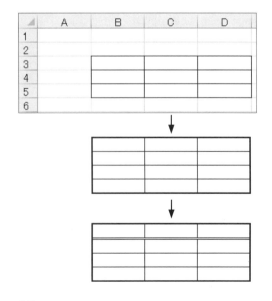

簡単なセルの書式設定

<ホーム>タブ上のリボンで簡単なセルの書式設定ができる。

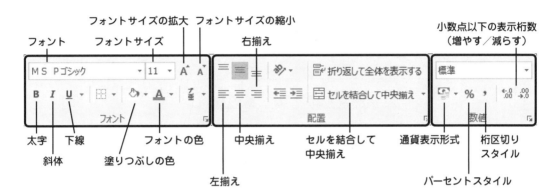

※表示形式設定の解除は、目的のセルを選択し、<ホーム>タブ→<数値>グループ→<表示形式>から「標準」を選択する。

● ファイル名：L-7

Lesson 7 簡単なセルの書式設定 1

1. 罫線の種類に注意して、A3からG7に線を引きなさい。
2. 店ごとにアルミ缶、ビン、トレーの合計を求めなさい。
3. 店ごとに合計に対するビンの割合を求めなさい。
   求めた割合は%表示にしなさい。
4. 店ごとに減量目標を求めなさい。目標は合計の2割減とする。
5. A1のタイトルを20ポイント、斜体、太字にし、A1からG1の中央に配置しなさい。
6. A3からG3までの項目名をセルの中央に配置しなさい。

	A	B	C	D	E	F	G
1	ごみの調査						
2							
3	店名	アルミ缶	ビン	トレー	合計	ビン割合	減量目標
4	西店	120	135	45			
5	東店	120	140	20			
6	北店	100	60	40			
7	南店	210	110	120			

Lesson 8　簡単なセルの書式設定 2

1. A1にタイトルを14ポイント、下線付きで入力し、A1からH1の中央に配置しなさい。
2. 細線、太線、二重線を使い表を作成しなさい。
3. 文字の配置を整えなさい。
4. C6からH6までに、投棄件数と投棄量から年度ごとの1件当たりの投棄量を求めなさい。
   求めた数値を小数点以下第2位までの表示にしなさい。
5. F7の文字を8ポイントで入力しなさい。

	A	B	C	D	E	F	G	H
1				産業廃棄物の不法投棄の状況				
2								
3	年度	単位	24年度	25年度	26年度	27年度	28年度	29年度
4	投棄件数	（件）	187	159	165	143	131	163
5	投棄量	（万t）	4.4	2.9	2.9	16.6	2.7	3.6
6	1件当たりの投棄量							
7						平成29年12月環境省報道発表		

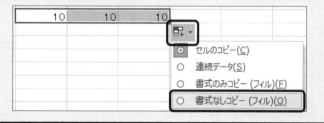

アドバイス

オートフィルを使ったセルのコピーは数値、数式だけではなく罫線も
コピーされるので、罫線をコピーしたくない時はオートフィルオプショ
ンから＜書式なしコピー＞を選ぶ。

簡単な関数

関数とはあらかじめ定義された数式のことである。

① 答えを求めるセルをアクティブにし、
数式バーより関数の挿入 f_x を押す。

② まず関数の分類を選択し、
次に目的の関数を開く。

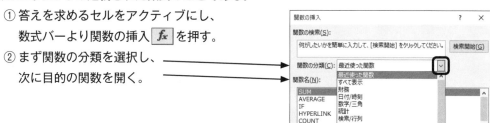

※＜数式＞タブ→＜関数ライブラリ＞グループからも＜関数の挿入＞を選ぶことができる。

❀ SUM関数（合計を求める）
<ruby>サ ム</ruby>

C5に合計を求める

① C5をアクティブにし、関数名から
「SUM」を選択する。

② ＜数値1＞に合計を求めるセルを
範囲指定する。

③ ＜OK＞または Enter を押す。

	A	B	C	D	E
1					
2		4月	57	32	
3		5月	17	60	
4		6月	25	72	
5		合計			

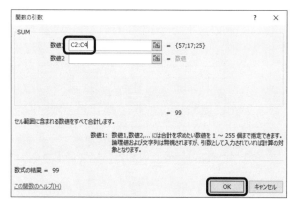

❀ AVERAGE関数（平均を求める）
<ruby>ア ベ レ ー ジ</ruby>

C6に平均を求める

① C6をアクティブにし、関数名から
「AVERAGE」を選択する。

② ＜数値1＞に平均を求めたいセル
を範囲指定する。

③ ＜OK＞または Enter を押す。

	A	B	C	D	E
1					
2		4月	57	32	
3		5月	17	60	
4		6月	25	72	
5		合計	99	164	
6		平均			

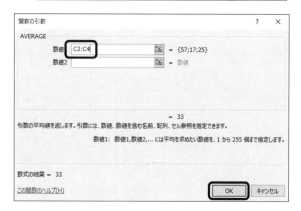

▩ オートSUM （自動合計）

[パターン1]　答えを求めるセル（F4）をアクティブにし、＜ホーム＞タブ→＜編集＞グルー
　　　　　　プ→＜オートSUM＞を押す。

	A	B	C	D	E	F	G	H
1		売上表						
2								
3			4月	5月	6月	合計		
4		A	100	100	100	=SUM(C4:E4)		
5		B	150	200	100	SUM(数値1, [数値2], …)		
6		C	200	100	150			
7		合計						
8								

[パターン2]　合計する範囲と答えを求めるセル（C4～F7）を範囲指定し、＜ホーム＞タブ
　　　　　　→＜編集＞グループ→＜オートSUM＞を押す。

	A	B	C	D	E	F	G
1		売上表					
2							
3			4月	5月	6月	合計	
4		A	100	100	100		
5		B	150	200	100		
6		C	200	100	150		
7		合計					
8							

　　※＜オートSUM＞の右の▼をクリックすると、その他の関数も使用で
　　きる。

Σ オートSUM ▼

Σ	合計(S)
	平均(A)
	数値の個数(C)
	最大値(M)
	最小値(I)
	その他の関数(F)…

▩ 離れた範囲のデータの合計

離れていて隣接していないデータの合計をSUM関数で求めるときは、数値1、数値2、……と
分けて指定する。

	A	B	C
1	大河と流域面積		
2	国名	河川名	面積
3	ロシア	オビ	2975
4	中国	西江	435
5	ロシア	ボルガ	1380
6	中国	長江	1970
7	ロシア	エニセイ	2605
8	ロシア	アムール	1855
9		理科年表より	
10	ロシアの合計		
11	中国の合計		

関数の引数

SUM

数値1	C3	圖	= 2975
数値2	C5	圖	= 1380
数値3	C7:C8	圖	= {2605;1855}
数値4		圖	= 数値

Lesson 9　簡単な関数 1

1. オートSUMを使って、F列（F7は除く）に合計を求めなさい。
2. 合格率を求め、%表示にしなさい。
3. 合格率以外の数値データをカンマ表示にしなさい。

	A	B	C	D	E	F	G
1		検定合格率					
2							
3			1級	2級	3級	合計	
4		申込者数	2500	17500	264030		
5		受験者数	2200	16200	245000		
6		合格者数	81	9200	185240		
7		合格率					
8							

Lesson 10　簡単な関数 2

1. D12からF12にオートSUMを使って、合計を求めなさい。
2. D13からF13に関数を使用して、平均を求めなさい。
3. D15からF16に関数を使用して、支社別の合計を求めなさい。

	A	B	C	D	E	F
1		営業成績				
2		氏名	支社	4月	5月	6月
3		おおはし	札幌	2,300	26,700	22,500
4		おおにし	札幌	1,400	30,400	45,800
5		こたに	仙台	3,700	4,100	1,760
6		さかた	仙台	1,800	5,500	2,500
7		てらい	札幌	7,800	10,000	3,400
8		とだ	札幌	5,500	8,000	13,700
9		なら	札幌	12,000	15,400	8,500
10		はまい	仙台	34,500	1,500	8,000
11		やまもと	仙台	7,500	13,600	21,500
12			合計			
13			平均			
14						
15		支社合計	札幌			
16			仙台			

Lesson 11 　簡単な関数 3

1. E5からE9に小計（単価×数量）を求めなさい。
2. F5からF9に消費税額を求めなさい。
3. G5からG9にオートSUMを使って合計を求めなさい。
4. E2に合計すべてを合わせた請求金額を、G2にはその内の消費税額だけを
   それぞれSUM関数を使用して求めなさい。
5. 4行目のデータをセルの中央に配置し、数値データをカンマ表示にしなさい。

	A	B	C	D	E	F	G
1							
2		請求書		請求金額		内消費税	
3							
4		品名	単価	数量	小計	消費税	合計
5		プリンタ	28000	5			
6		パソコン	72000	2			
7		カメラ	31500	3			
8		ソフト	18000	5			
9		スキャナ	85000	4			
10							

ふりがな

セル内に入力した文字にふりがなを表示することができる。

ふりがなの表示

① ふりがなを表示させたいセルを範囲指定する。
② ＜ホーム＞タブ→＜フォント＞グループ→＜ふりがなの表示／非表示＞→＜ふりがなの表示＞で入力時の読みでふりがなが表示される。

ふりがなの書式設定

＜ホーム＞タブ→＜フォント＞グループ→＜ふりがなの表示／非表示＞→＜ふりがなの設定＞でふりがなの文字種や配置の設定ができる。

ふりがなの編集

＜ホーム＞タブ→＜フォント＞グループ→＜ふりがなの表示／非表示＞→＜ふりがなの編集＞で、手入力でふりがなの変更ができる。

● ファイル名：L-12

Lesson **12**　ふりがな

1. タイトル奇数名簿、偶数名簿をそれぞれ表の中央に配置しなさい。
2. オートフィル機能を使って登録番号を入力しなさい。
3. 奇数名簿の氏名に「半角カタカナ」でふりがなをつけ表示させなさい。
   また、偶数名簿の氏名は「ひらがな」でふりがなをつけ表示させなさい。

	A	B	C	D	E	F
1		奇数名簿			偶数名簿	
2		登録番号	氏名		登録番号	氏名
3		1	ﾔﾏｷﾞｼ ｹｲｺ 山岸敬子		2	はしもと みどり 橋本緑
4		3	ｻﾄｳ ﾐﾉﾙ 佐藤實		4	さいとう 斉藤みか
5		5	ﾔﾏﾓﾄ ｻﾄｺ 山本里子		6	あさだ いちろう 浅田一郎
6		7	ﾜﾀﾅﾍﾞ ﾕｷｺ 渡部幸子		8	こんどう つよし 近藤豪

【問　題】
1. 登録番号7の氏名ふりがなを「ﾜﾀﾍﾞ ｻﾁｺ」に変更しなさい。
2. 登録番号8の氏名ふりがなを「こんどう ごう」に変更しなさい。

行列の編集

行/列の挿入と削除

① 挿入したい行/列番号を選択する。

② ＜ホーム＞タブ→＜セル＞グループ→＜挿入＞または＜削除＞から選ぶ。

行の高さ/列の幅の変更

■ ドラッグによる変更

① 変更したい行番号の下側（列番号の右側）の境界線をポイントし、任意の高さ（幅）に
ドラッグする。

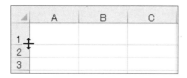 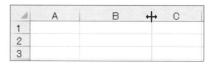

■ 数値による変更

① 変更したい行/列番号を選択し、＜ホーム＞タブ→＜セル＞グループ→＜書式＞→＜行の
高さ＞または＜列の幅＞を選ぶ。

② 行の高さ/列の幅を数値で指定する。

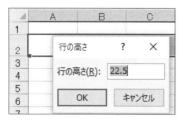 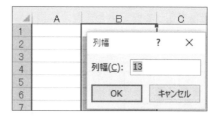

複数行列の選択

離れた範囲の複数行または複数列を編集する場合、離れた範囲を指定する時は Ctrl キーを押しな
がら選択する。

例えばA列、D列、F列の列幅変更を行う時、まずA列を選択し、D列とF列は Ctrl キーを押しな
がら選択する。

Lesson *13*　　行列の編集 1

1. C4に半角で「プロジェクト1」と入力し、オートフィル機能を使ってF4まで入力しなさい。
2. 表の行の高さを20に変更しなさい。
3. 文字列に合わせて、列幅を最適幅に変更しなさい。
4. G列に合計を求めなさい。(G4のデータはセルの中央に配置しなさい)
5. 合計が#表示された時は列幅を変更しなさい。
6. 数値データをすべてカンマ表示にしなさい。

	A	B	C	D	E	F	G
1							
2		来年度予算					
3							
4			プロジェクト1	プロジェクト2	プロジェクト3	プロジェクト4	合計
5		設備費	1,380,000	7,200,000	1,150,000	2,323,000	
6		交通費	100,000	158,000	100,000	150,000	
7		光熱費	80,000	65,000	80,000	80,000	
8		消耗品費	235,000	314,000	145,000	515,500	
9		雑費	100,000	100,000	100,000	87,000	
10							

【問 題】

1. 消耗品費と雑費の間に次の行を挿入し、合計を求めなさい。

アルバイト	350,000	0	150,000	250,000	

アドバイス

列幅に対して、表示する数値の桁の方が多いときにはセルが#表示になるが、列幅を広げると#表示は解消する。

	A	B	C
1		########	
2			

Lesson 14 行列の編集 2

1. 文字列はすべてセル内で中央に配置しなさい。
2. 「その他」は全員「基本給」の5%を計算して入力しなさい。
3. G列に合計を求めなさい。
4. 数値データをすべてカンマ表示にしなさい。

	A	B	C	D	E	F	G
1							
2		業界研究＜初任給比較＞					
3							
4		業種	基本給	手当	交通費	その他	合計
5		金融	210,000	5,000	28,000		
6		小売り	190,000	20,000	20,000		
7		医薬品	205,000	20,000	18,000		
8		建設	185,000	15,000	25,000		
9							
10							

【問 題】

1. 金融の下に「情報通信」、「サービス」の2行を挿入し、その他、合計を計算しなさい。

情報通信	265,000	0	12,000		
サービス	172,000	10,000	20,000		

2. A列を削除しなさい。

アドバイス

列幅を変更する際、列と列の境界線でダブルクリックすると、セル内容に合わせた最適幅に設定される。行の高さも同様である。

データの移動とコピー

✤ 移動とコピー

コマンドボタンを使い移動やコピーができる。

① 移動元（コピー元）を範囲指定し、＜ホーム＞タブ→＜ク
リップボード＞グループ→＜切り取り＞または＜コピー＞
を選ぶ。

② 移動先（コピー先）の先頭セルを指定し、＜ホーム＞タブ→＜クリップボード＞グルー
プ→＜貼り付け＞を選ぶ。

＜切り取り＞ → ＜貼り付け＞　　＜コピー＞ → ＜貼り付け＞

✤ ドラッグアンドドロップによる移動とコピー

マウス操作で簡単に移動やコピーができる。

① 移動元（コピー元）を範囲指定する。

② 選択範囲の枠上のマウスポインター 🔾 を移動先にドラッグ
（コピーは Ctrl を押しながらコピー先にドラッグ）する。

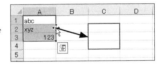

✤ 形式を指定したコピー

通常はセル情報すべてがコピーされるが、「数式」だけ、「値」だけというように形式を指定できる。

① コピー元を範囲指定し、＜コピー＞を選ぶ。

② ＜ホーム＞タブ→＜クリップボード＞グループ→＜貼り付け＞から＜形式を選択して貼
り付け＞を選び、指定の形式を選択する。

また、コピー元のデータの変更がコピー先にも反映させるには「リンク貼り付け」を選ぶ。

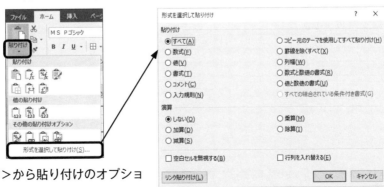

※＜貼り付け＞から貼り付けのオプショ
ンを使用しても同じ操作ができる。

Lesson 15　データの移動とコピー 1

1. A列の列幅を変更しなさい。
2. 4月分の表（B2からF5）を作成し、数値データの入力前に5月、6月分をコピーしなさい。
3. タイトルを編集し（4月）の部分を各月に変更し、それぞれのデータを入力しなさい。
4. 4月から6月までの資源ごみ回収データを「リンク貼り付け」して、校内集計表と校外集計表を作成しなさい。

(3)

	A	B	C	D	E	F	G
1							
2		資源ごみの回収（4月）					
3			1年生	2年生	3年生	4年生	
4		校内	15	9	23	36	
5		校外	32	20	28	38	
6							
7		資源ごみの回収（5月）					
8			1年生	2年生	3年生	4年生	
9		校内	25	12	11	28	
10		校外	40	24	31	51	
11							
12		資源ごみの回収（6月）					
13			1年生	2年生	3年生	4年生	
14		校内	46	27	23	19	
15		校外	30	29	45	17	
16							
17		校内集計表					
18			1年生	2年生	3年生	4年生	合計
19		4月					
20		5月					
21		6月					
22							
23		校外集計表					
24			1年生	2年生	3年生	4年生	合計
25		4月					
26		5月					
27		6月					

【問 題】

1. 4月のデータを以下のように変更し、校内および校外集計表のデータがリンクされていることを確認しなさい。

資源ごみの回収（4月）

	1年生	2年生	3年生	4年生
校内	10	12	14	21
校外	23	29	25	19

※列名の上にあるかっこ付きの数字は、列の幅を示す。

Lesson 16　データの移動とコピー 2

1. A列の列幅を変更しなさい。
2. 4月の表を作成し、文字データをセルの中央に配置し小計を求めなさい。
3. 4月の表をコピーして5月の表を作成しなさい。
4. 4月の小計（G4からG6）を5月のくりこし（C10からC12）に「値貼り付け」しなさい。
5. 5月の表のB9からF12をB15に「行列を入れ替えて貼り付け」しなさい。
6. B14に表のタイトルを入力し、小計の列を設け計算しなさい。
7. B2のタイトルをHGP創英角ポップ体、12ポイントに設定しなさい。
8. B2のタイトルの書式をB8、B14のタイトルに「書式コピー」しなさい。

(3)

	A	B	C	D	E	F	G
1							
2		4月　〈地区別〉鹿の目撃数					
3			くりこし	5日	15日	25日	小計
4		A地区	0	12	8	21	
5		B地区	0	5	2	0	
6		C地区	0	25	18	22	
7							
8		5月　〈地区別〉鹿の目撃数					
9			くりこし	5日	15日	25日	小計
10		A地区		18	15	9	
11		B地区		3	7	1	
12		C地区		33	17	24	
13							
14		5月　〈日付別〉鹿の目撃数					
15			A地区	B地区	C地区	小計	
16		くりこし					
17		5日	18	3	33		
18		15日	15	7	17		
19		25日	9	1	24		
20							

 アドバイス

移動元、コピー元として使用したセル範囲の取り消しは Esc キーでおこなう。

セルの書式設定と罫線

ダイアログボックスで詳細な書式設定ができる。

🎐 配置

設定したいセルを範囲指定後、＜ホーム＞タブ→＜配置＞
グループ右下の＜配置の設定＞ボタンをクリックし、＜セ
ルの書式設定＞を表示する。

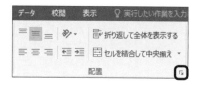

🎐 均等割付＜横位置＞

セル内の文字の配置を均等に割り付ける。
Wordと違い割り付け幅を任意に設定すること
はできず、自動的にセルの幅に割り付けられる。

🎐 繰り返し＜横位置＞

記号や文字などを繰り返し表示させる。

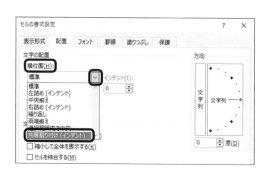

🎐 折り返して全体を表示＜文字の制御＞

文字列をセルの右端で折り返して全体を表示さ
せる。右隣のセルにデータがある場合、セル幅
を超えたデータは隠れてしまうため。

🎐 文字の配置＜縦位置＞

行の高さを広くした時など、縦の配置を設定する。

🎐 文字の方向の設定＜方向＞

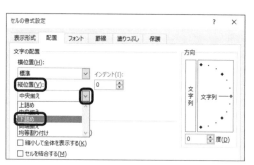

※＜ホーム＞→＜配置＞グループのアイコンから
　も次の設定をすることができる。

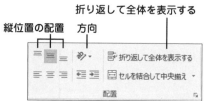

❀ 表示形式

設定したいセルを範囲指定後、＜ホーム＞タブ→＜数値＞グループ右下の
＜表示形式＞ボタンをクリックし、＜セルの書式設定＞を表示する。

❀ 数値

小数点以下の桁数の設定、負の数の表示形式な
どが設定できる。他の表示形式を解除したい時
は「数値」、または「標準」に戻す。

❀ 日付

いろいろな日付の表示形式が用意されている。

❀ ユーザー定義

セルの書式を任意に設定できる。

例1：「日付」にはない表示形式を設定する。

2021年9月5日　→　21/09/05

　　一番近い設定＜yyyy/m/d＞を選び、
　　＜yy/mm/dd＞に変更する。

例2：3,000　→　3,000円

　　＜#,##0＞を選び、＜#,##0"円"＞に
　　変更する。

書式	表示例	説明
#,###	12000 → 12,000	#は有効桁数だけが表示され、余分なゼロは表示されない。
###	12 → 12	
#.000	8.9 → 8.900	0（ゼロ）は、数値の桁数が指定したゼロの数よりも少ない場合に余分なゼロを表示する。

◈ 罫線

罫線パレットでは作成できない様々な罫線を引くことができる。

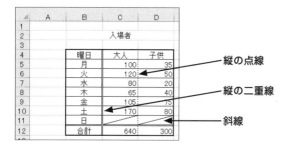

縦の点線

縦の二重線

斜線

① 罫線を引きたいセルを範囲指定する。

② ＜ホーム＞タブ→＜フォント＞グループ→＜罫線＞から＜その他の罫線＞を選ぶ。

③ ＜スタイル＞から線種を選び、＜外枠＞＜内側＞などのプリセットを設定する。

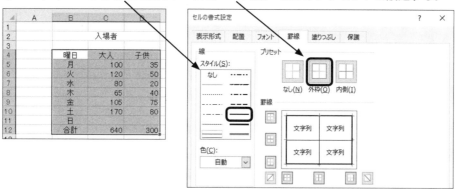

④ 縦二重線を引きたいセルを範囲指定する。

⑤ スタイルから二重線を選び、▦ か　直接線上をクリックして設定する。（縦の点線も同
様に引く）

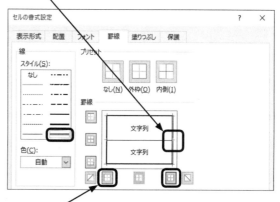

⑥ 同様に斜線を引きたいセルを範囲指定し、　で設定する。

Lesson 17　セルの書式設定と罫線 1

1. タイトルはMS明朝、12ポイント、斜体で入力し、表の中央に配置しなさい。
2. 罫線の種類に注意して表を作成しなさい。
3. C列を文字数に対して列幅が最適となるように変更しなさい。
4. 表の空欄を計算で求め、合格率、女性比は%で小数点第1位まで表示しなさい。
5. 合格率、女性比以外の数値をカンマ表示にしなさい。

	A	B	C	D	E	F	G
1							
2			*女性応募者・合格者*				
3				応募者	合格者	合格率	
4		上級	総数	843	120		
5			女性	180	36		
6			女性比				
7		初級	総数	17500	12100		
8			女性	8250	2530		
9			女性比				
10		合計	総数				
11			女性				
12			女性比				

Lesson 18　セルの書式設定と罫線 2

1. タイトルは14ポイント、太字でB1に入力し、表の中央に配置しなさい。
2. 細線、太線、点線、二重線を使い分け罫線を引きなさい。
3. 2行目の文字列の方向を「縦書き」にし、任意の背景色をつけなさい。

(3)

	A	B	C	D	E	F	G
1		当番表					
2		担当者	稲葉	田中	武田	中田	吉井
3		月曜日					
4		火曜日					
5		水曜日					
6		木曜日					
7		金曜日					
8		土曜日					

絶対参照

参照するセルを固定する絶対参照の機能がある。

▲	A	B	C	D
1			血液型調査	
2		型	人数	構成比
3		A型	25	=C3/C7
4		B型	12	
5		O型	21	
6		AB型	3	
7		合計	61	

D3に構成比を求める式は「=C3/C7」であるが、この式では下方向のセルにコピーすることができず、それぞれに式を入れなければならない。

この式を絶対参照の設定にする。

▲	A	B	C	D
1			血液型調査	
2		型	人数	構成比
3		A型	25	=C3/$C$7
4		B型	12	
5		O型	21	
6		AB型	3	
7		合計	61	

絶対参照にしたいセルを指定後、F4キーを押す。
←C7が絶対参照となる。

この式を下方向にコピーし、表示形式を「%」にする。

▲	A	B	C	D
1			血液型調査	
2		型	人数	構成比
3		A型	25	41%
4		B型	12	20%
5		O型	21	34%
6		AB型	3	5%
7		合計	61	100%

構成比
=C3/$C$7
=C4/$C$7
=C5/$C$7
=C6/$C$7
=C7/$C$7

 アドバイス

F4キーを押すほかに、セル番地に「$」記号を付ける方法でも、セルを絶対参照にできる。
また、F4キーを連続して押すと

$A$1	→	A$1	→	$A1	→	A1
行列の固定	→	行の固定	→	列の固定	→	固定しない

のサイクルで指定が変わる。

Lesson 19　　絶対参照 1

1. 必要なセル幅の変更をおこないなさい。
2. 今月の予算の表を作成する。
   ・タイトルを14ポイント、太字で入力し、下線を付け、表の中央に配置しなさい。
   ・B列の文字を均等割り付けにしなさい。
   ・予算の合計を求め、金額はすべてカンマ表示にしなさい。
3. B3からD12をF3にコピーし、タイトルの一部、数字などを訂正しなさい。
4. D6に「今月の予算」における「食費」の割合を絶対参照を用いて求め、小数点
   第1位の%表示にしなさい。D7以下はコピーで求めなさい。
5. 同様に、「今月の決算」の割合も求めなさい。

	(3)	(10)		(3)	(10)		
A	B	C	D	E	F	G	H

	A	B	C	D	E	F	G	H
1								
2								
3		今月の予算				今月の決算		
4								
5			予算	割合			決算	割合
6		食　　　費	70000			食　　　費	68000	
7		住　居　費	55000			住　居　費	55000	
8		光　熱　費	25000			光　熱　費	26000	
9		交　際　費	30000			交　際　費	25000	
10		預　貯　金	30000			預　貯　金	36000	
11		生　命　保　険	15000			生　命　保　険	15000	
12		合　　　計				合　　　計		

Lesson 20　絶対参照 2

1. 必要なセル幅変更をおこない、表を完成させなさい。
2. 次の式から、3人のアルバイト代支給金額を求めなさい。
   また、適切な表示形式にしなさい。
   ・勤務日数＝終了月日－開始月日＋1（開始月日はC10使用）
   ・金額＝勤務日数×日給（日給はC11使用）
   ・税金＝金額×税率（税率はC12使用）
   ・支給金額＝金額－税金
3. 関数を使用して、8行目の合計を求めなさい。

(3)

	A	B	C	D	E	F	G
1							
2		短期アルバイト代計算表					
3							
4		氏名	終了月日	勤務日数	金額	税金	支給金額
5		菅原	9月5日				
6		牧田	9月12日				
7		寺島	9月8日				
8		合　計					
9							
10		開始月日	9月1日				
11		日給	7,000				
12		税率	10%				

グラフの基本

主なグラフの種類と用途

円グラフ ……………… 全体を100%と見て、各項目が全体に占める割合を見る。
棒グラフ ……………… 項目ごとの値を比較する。
折れ線グラフ ………… 一般的に時系列によるデータの変化をあらわす時に用いるが、項目による
データの変化もあらわす。
レーダーチャート …… 全体の変化を中心点から比較する（バランスを見る）。
ドーナツグラフ ……… 円グラフに加え、複数のデータ系列をあらわすことが可能である。

棒グラフ

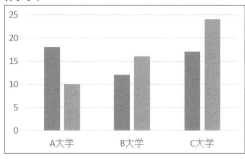

折れ線グラフ

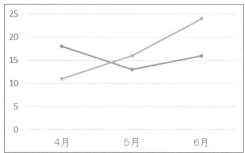

円グラフ

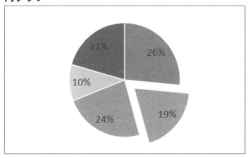

レーダーチャート

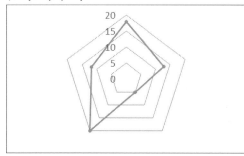

ドーナツグラフ

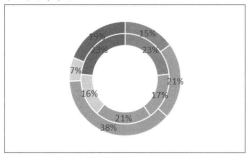

グラフを構成する要素

主なグラフ要素は以下のとおりである。

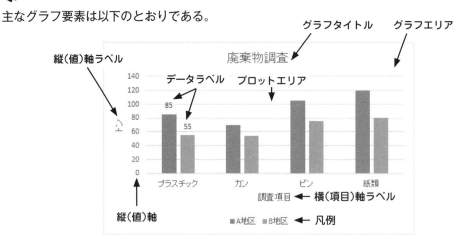

グラフの作成

① グラフに用いるデータを範囲指定する。

数値データ範囲だけでなく、縦(値)軸、横(項目)
軸、凡例などに用いるデータも範囲指定する。

	A	B	C	D
1	調査項目	A地区	B地区	
2	プラスチック	85	55	
3	カン	70	54	
4	ビン	105	75	
5	紙類	120	80	
6				

② ＜挿入＞タブ→＜グラフ＞グループ→＜縦棒/横棒グラフの挿入＞→＜集合縦棒＞を選ぶ。

③ ＜グラフタイトル＞と表示された場所にグラフタイトルを入力する。

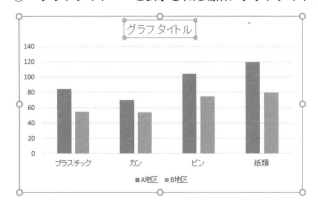

④グラフをアクティブにした状態でグラフ専用の＜グラフツール＞が表示される。
　＜デザイン＞タブ→＜グラフのレイアウト＞グループ→＜グラフ要素を追加＞を使用して、軸ラベル、データラベルなどを追加する。

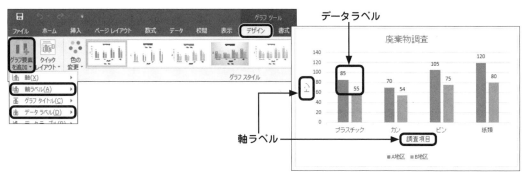

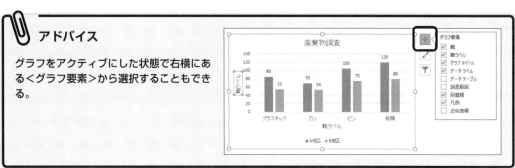
行列を入れ替えたグラフの作成

＜デザイン＞タブ→＜データ＞グループ→＜行／列の切り替え＞で、横軸と縦軸を入れ替えたグラフを作成することができる。

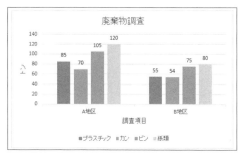

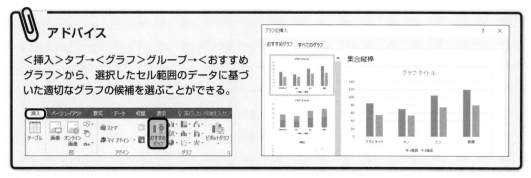

Lesson 21　　グラフの基本 1

1. 合計を求め、表を完成させなさい。
2. グラフサイズ、タイトル、凡例などに注意をし、下記の棒グラフを作成しなさい。
3. 同じデータを用いて行列を入れ替え、マーカー付き折れ線グラフを作成しなさい。
4. 2つのグラフのグラフタイトルの文字サイズを11ポイントに変更しなさい。

(3)

	A	B	C	D	E	F	G	H
1								
2			4月	5月	6月	合計		
3		A交差点	3,000	2,500	3,300			
4		B交差点	2,500	3,500	3,600			
5		C交差点	1,000	2,300	2,500			
6		D交差点	2,000	1,800	2,800			
7		合計						

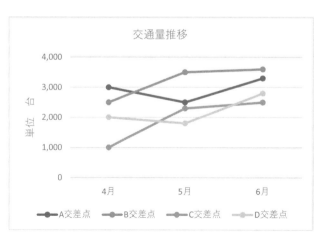

Lesson 22　グラフの基本 2

1. 平均を求め、表を完成させなさい。
2. 下記のようなマーカー付き折れ線グラフを作成 しなさい。
   ・グラフタイトルを12ポイントに変更し、任意の影を設定しなさい。
3. 同様に下記のような3-D集合縦棒グラフを作成しなさい。

・グラフタイトルを削除しなさい。

(3)

	A	B	C	D	E	F	G	H
1		キーボード速度調査				(10分)		
2		氏名	1回目	2回目	3回目	4回目	平均	
3		酒井	240	212	250	280		
4		遠藤	145	140	135	163		
5		石川	380	385	390	350		
6		会田	400	410	385	420		

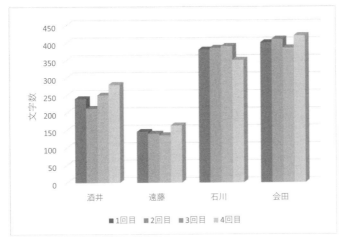

41

グラフの編集

作成したグラフの各要素を編集する。

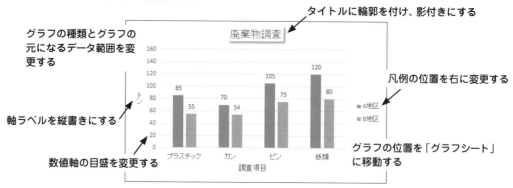

グラフの種類とグラフの
元になるデータ範囲を変
更する

タイトルに輪郭を付け、影付きにする

軸ラベルを縦書きにする

数値軸の目盛を変更する

凡例の位置を右に変更する

グラフの位置を「グラフシート」
に移動する

✿ スタイルの設定

グラフエリアをアクティブにし、＜グラフツール＞→＜デザイン＞タブ→＜グラフのスタイル＞
グループから任意のスタイルを設定する。

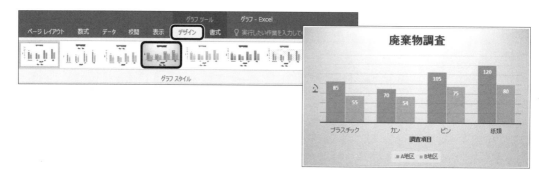

✿ グラフの種類の変更

グラフエリアをアクティブにし、＜グラフツール＞→＜デザイン＞タブ→＜種類＞グループ→
＜グラフの種類の変更＞を選ぶ。

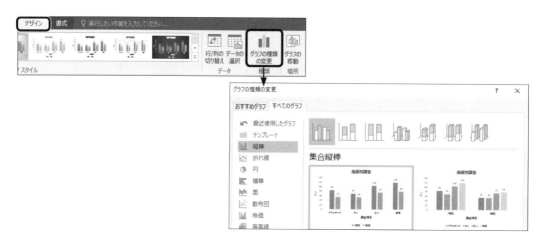

❄ グラフのレイアウトの変更

グラフエリアをアクティブにし、＜グラフツール＞→＜デザイン＞タブ→
＜グラフのレイアウト＞グループ→＜クイックレイアウト＞で変更する。

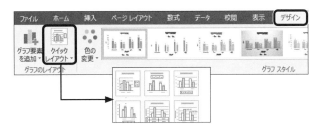

❄ グラフのデータ範囲の変更

① グラフエリアをアクティブにし、＜グラフツール＞→＜デザイン＞タブ→＜データ＞グ
ループ→＜データの選択＞を選ぶ。

② ワークシート上をドラッグし、グラフの元になる
データ範囲を選択し直す。

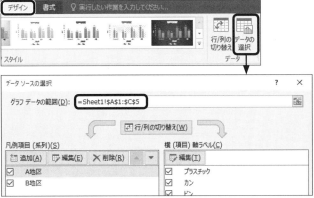

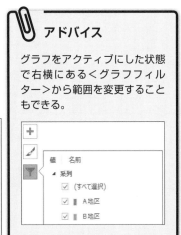

アドバイス

グラフをアクティブにした状態
で右横にある＜グラフフィル
ター＞から範囲を変更すること
もできる。

❄ グラフを別のシートに移動

① グラフエリアをアクティブにし、＜グラフツール＞→＜デザイン＞タブ→＜場所＞グ
ループ →＜グラフの移動＞を選ぶ。

② ＜グラフの移動先＞を選択する。

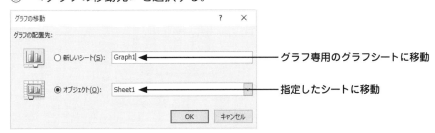

グラフ専用のグラフシートに移動

指定したシートに移動

各要素の書式設定を変更

書式設定したい要素でショートカットメニューを開き、「（各要素）の書式設定」を選び、表示される作業ウィンドウで設定する。

タイトルに輪郭（枠線）を付け、＜影付き＞を設定する。

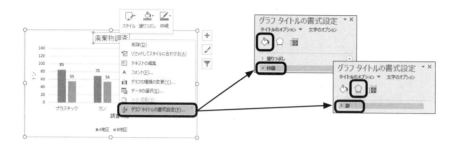

数値軸の目盛りを変更する。

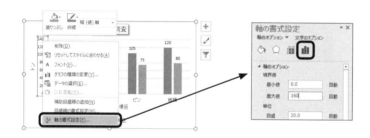

凡例の位置を変更する。

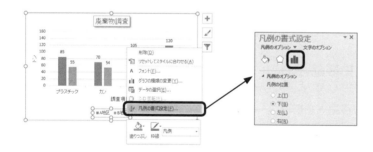

軸ラベルの文字方向を変更する。

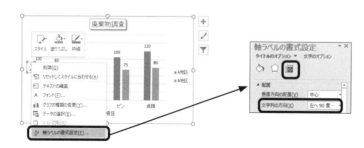

Lesson 23　グラフの編集 1

1. 合計を求め桁区切りスタイルに設定し、表を完成させなさい。
2. C5からF5およびB6からB10を中央揃えにしなさい。
3. グラフサイズに注意して、下記のようなマーカー付き折れ線グラフを作成しなさい。
4. グラフタイトルの文字サイズを14ポイントにしなさい。
5. 凡例、縦軸ラベルともに文字サイズを9ポイントにしなさい。
6. 縦軸ラベルを横書きにし、上部に移動しなさい。
7. 凡例の位置を右にしなさい。
8. 縦軸の目盛間隔を2000に変更しなさい。

	(3)		(11)		(11)		(11)	
	A	B	C	D	E	F	G
1							
2							
3			世界のチーズの生産量				
4					（百万トン）		
5			2013年	2014年	2015年	合計	
6		EU	140.1	146.7	147		
7		アメリカ	91.3	93.5	96.3		
8		NZ	20.2	21.7	22.1		
9		豪州	9.4	9.7	9.8		
10		合計					

米農務省のデータよる。2014は見込み、2015は予測。

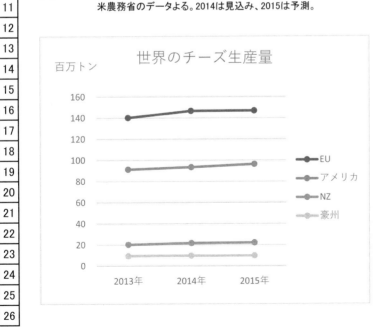

Lesson 24　グラフの編集 2

1. ファイルL-23を呼び出しなさい。
2. 既存のグラフをB27にコピーしなさい。
3. 上のグラフについて以下のような変更を加えなさい。
　・データの範囲をEUとアメリカに変更しなさい。
　・タイトルを変更しなさい。
4. 下のグラフについて以下のような変更を加えなさい。
　・データの範囲をNZと豪州に変更しなさい。
　・縦軸の目盛を「自動」に変更しなさい。
　・タイトルを変更しなさい。
　・グラフの種類を積み上げ縦棒グラフに変更しなさい。

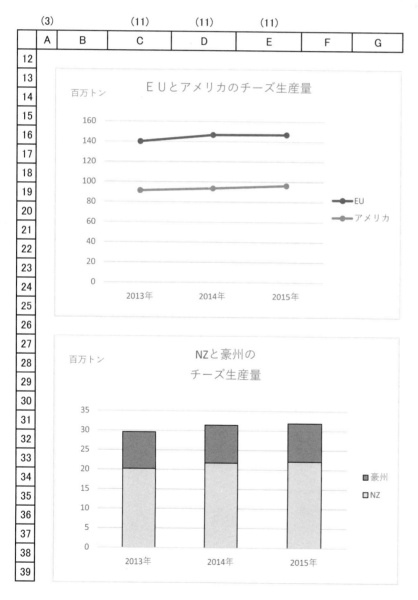

円グラフ

🔆 円グラフの作成

円グラフを作成する場合、構成比の計算は必要ない。

    ① グラフに用いるデータを範囲指定し、＜挿入＞タブ→＜グラフ＞グループ→＜円または
       ドーナツグラフの挿入＞→＜2-D円＞または＜3-D円＞を選ぶ。

🔆 円グラフの編集

■ データラベルの設定

    ① グラフエリアをアクティブにし、＜グラフツール＞→＜デザイン＞タブ→＜グラフのレ
       イアウト＞グループ→＜グラフ要素を追加＞→＜データラベル＞→＜その他のデータラ
       ベル オプション＞を選ぶ。

    ② ＜ラベルの内容＞で表示したいラベルを選ぶ。

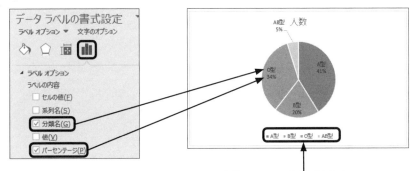

※ 「凡例」と「分類名」が重複するので、Delete キーで凡例を削除する。

■ 円グラフのサイズ変更

    ① グラフエリアをアクティブにし、＜書式＞タブ
       →＜現在の選択範囲＞グループ→＜グラフの要
       素＞→＜プロットエリア＞を選ぶ。

    ② 枠線にマウスポインターをあわせ拡大／縮小する。

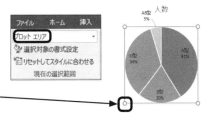

■ 円の扇を切り出す

    ① 円グラフの中でクリックする。

    ② 切り離したい扇形で再度クリックする。

    ③ 扇形が選択されるので、外側にドラッグする。

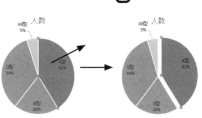

Lesson 25 　円グラフ 1

1. 総数、合計を求め、表を完成させなさい。
2. タイトルを12ポイント、太字で入力し、下線をつけ、表の中央に配置しなさい。
3. B3からB7、C3からE3に任意の背景色をつけなさい。
4. 男性のデータから、2-D円グラフを作成しなさい。
 ・データラベルを分類名、パーセンテージ（小数点第1位）の表示にし、
 　位置を内部外側に設定しなさい。
 ・凡例を削除しなさい。
 ・グラフ中のフォントサイズとグラフサイズを変更し、バランスよく配置しなさい。
5. 総数のデータから、3-D円グラフを作成しなさい。
 ・データラベルを分類名、パーセンテージ（小数点第1位）の表示に設定しなさい。
 ・凡例を削除しなさい。
 ・「少しは」の扇形を切り離しなさい。
 ・グラフ中のフォントサイズとグラフサイズを変更し、バランスよく配置しなさい。

(3)　　(10)

	A	B	C	D	E	F	G
1		自然保護への関心度調査					
2							
3			男性	女性	総数		
4		大いに関心	31	10			
5		少しは	18	15			
6		関心ない	3	10			
7		合計					

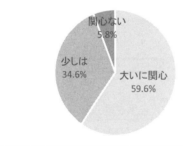

男性の自然保護への関心度

関心ない 5.8%
少しは 34.6%
大いに関心 59.6%

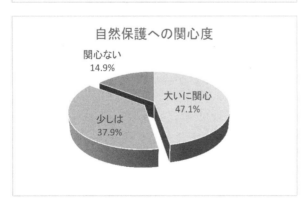

自然保護への関心度

関心ない 14.9%
大いに関心 47.1%
少しは 37.9%

Lesson *26* 円グラフ2

1. セル幅に注意して表を作成しなさい。
2. F7のフォントサイズを9ポイントにしなさい。
3. 冷蔵庫、洗濯機の再商品化実績についてドーナツグラフを作成しなさい。
4. グラフをスタイル6に設定しなさい。
5. 外側にのみ分類名とパーセンテージのデータラベルを表示しなさい。
6. 凡例を削除しなさい。
7. 全体のバランスを考えタイトルを整えなさい。

| | (3) | (15) | | (10) | | |
	A	B	C	D	E	F	G

廃家電の再商品化実績（2018年）

（トン）

品目	再商品化総重量	鉄	銅＆アルミ	混合物	その他
冷蔵庫	166,200	82,641	4,974	24,814	53,711
洗濯機	139,142	67,688	5,383	16,655	49,418

令和元年版環境白書

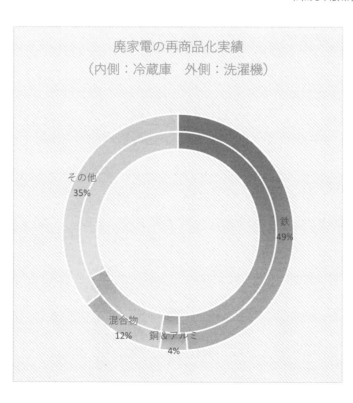

廃家電の再商品化実績
（内側：冷蔵庫　外側：洗濯機）

その他 35%
鉄 49%
混合物 12%
銅＆アルミ 4%

複合グラフ

棒グラフと折れ線グラフなど、異なる種類のグラフを組み合わせたグラフを作成できる。
比較する複数のデータの単位にあまりに違いがある場合は、第2数値軸をプロットできる。

▲	A	B	C	D	E	F	G	H
1		年度	2016年	2017年	2018年	2019年	2020年	2021年
2		投棄件数（件）	673	558	554	382	308	279
3		投棄量（万t）	41.1	17.2	13.1	10.2	20.3	5.7

① グラフに用いるデータを範囲指定し、＜挿入＞タブ→＜グラフ＞グループ→＜複合グラフの挿入＞→＜集合縦棒 - 第2軸の折れ線＞を選ぶ。

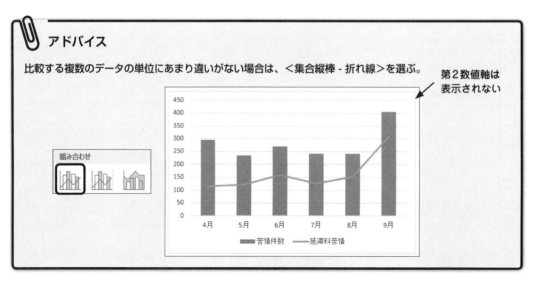

アドバイス

比較する複数のデータの単位にあまり違いがない場合は、＜集合縦棒 - 折れ線＞を選ぶ。

第2数値軸は表示されない

Lesson 27　複合グラフ1

1. E列に達成率を求めなさい。（％表示）
2. G列に粗利率（1－原価÷売上実績）を求めなさい。（％表示、小数点第2位まで）
3. 目標、売上実績、粗利率から、下記のような複合グラフ（集合縦棒−第2軸の折れ線）を作成しなさい。（グラフ中のフォントサイズは任意とする）
   ・グラフタイトルのフォントサイズを12ポイント、太字にしなさい。
   ・主軸、第2軸ともに目盛間隔、表示形式を変更しなさい。

(3)

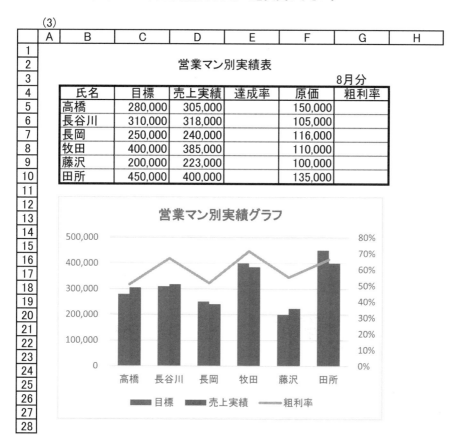

営業マン別実績表

8月分

氏名	目標	売上実績	達成率	原価	粗利率
高橋	280,000	305,000		150,000	
長谷川	310,000	318,000		105,000	
長岡	250,000	240,000		116,000	
牧田	400,000	385,000		110,000	
藤沢	200,000	223,000		100,000	
田所	450,000	400,000		135,000	

Lesson 28　複合グラフ 2

1. C7からH7に、苦情件数に対する延滞料苦情の割合を求めなさい。
   （％表示、小数点第1位まで）
2. 苦情件数、延滞料苦情割合のデータから、複合グラフ（集合縦棒−第2軸の折れ線）を
   作成しなさい。
3. データラベルを表示し、苦情件数のみ位置を中央に設定しなさい。
4. 主軸、第2軸ともに目盛間隔を変更しなさい。
   （グラフ中のフォントサイズは任意とする）

(3)　　　(15)

	A	B	C	D	E	F	G	H
1								
2			レンタルビデオの苦情件数					
3								
4			4月	5月	6月	7月	8月	9月
5		苦情件数	296	235	270	241	241	406
6		延滞料苦情	115	122	158	127	153	307
7		延滞料苦情割合						

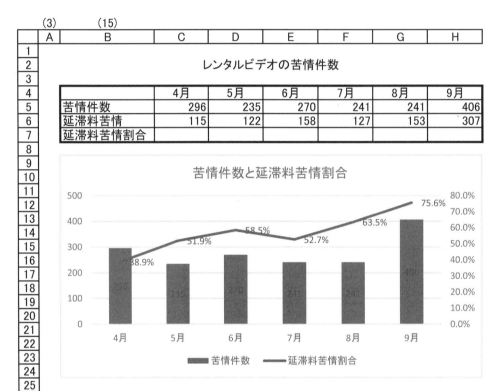

苦情件数と延滞料苦情割合

3-Dグラフとスパークライン

❄️ 3-Dグラフ

立体的なグラフが作成できる。
また、3-Dの角度を自由に設定することができる。

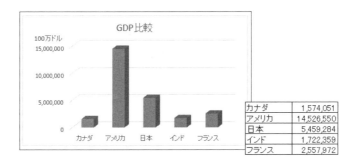

カナダ	1,574,051
アメリカ	14,526,550
日本	5,459,284
インド	1,722,359
フランス	2,557,972

グラフに用いるデータを範囲指定
し、＜挿入＞タブ→＜グラフ＞グ
ループ→＜縦棒/横棒グラフの挿
入＞→＜3-D集合縦棒＞を選ぶ。

■ 3-D回転のYを30度、Xを40度に設定

グラフをアクティブにし、ショートカットメニューから＜3-D回転＞を選ぶ。

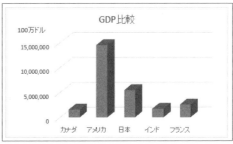

❄ スパークライン

セル内に単純な線や棒で示すミニグラフを作成できる。

	A	B	C	D	E	F
1	年齢別人口推移					
2		1950年	1970年	1990年	2013年	グラフ
3	15歳未満	29,430	24,823	22,544	16,390	
4	15歳以上65歳未満	49,661	71,566	86,140	79,010	
5	65歳以上	4,109	7,331	14,928	31,898	

① スパークラインを作成したいセルを範囲指定し、＜挿入＞タブ→＜スパークライン＞グ
　ループ→＜折れ線スパークライン＞を選ぶ。

② グラフに用いる数値データを範囲指定する。

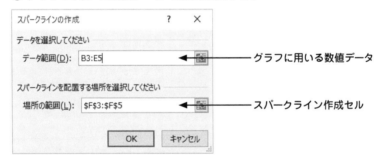

③ 折れ線グラフにマーカーを設定する。
　　スパークラインを作成したセルを範囲指定し、＜スパークラインツール＞→
　　＜デザイン＞タブ→＜表示＞グループで、＜マーカー＞を選ぶ。

※ スパークラインの削除は、スパークラインを作成したセルを範囲選択し、＜デザイン＞タ
　ブ→＜グループ＞グループ→＜クリア＞→＜選択したスパークラインのクリア＞を選ぶ。

Lesson 29　　3-Dグラフとスパークライン1

1. タイトルの入力に注意し、表を完成させなさい。
2. 表の行の高さを18に変更しなさい。
3. F6からF9に経費の推移を表すスパークライン（マーカー付き折れ線）を作成しなさい。
4. 4月から6月の経費データをもとに3–D集合縦棒グラフを作成しなさい。
5. 任意のグラフスタイルを設定しなさい。
6. グラフエリアのフォントサイズを12ポイントに変更しなさい。
7. グラフを新しいシート（グラフシート）に移動しなさい。

(3)　　(10)　　　　　　　　　　　　　　　　　　(11)

	A	B	C	D	E	F	G
1							
2							
3			事務所経費				
4							
5			4月	5月	6月	経費の推移	
6		通信費	60,000	53,000	68,000		
7		交通費	48,000	40,000	42,000		
8		光熱費	30,000	26,000	23,000		
9		消耗品費	70,000	53,000	60,000		
10							
11							
12							
13							
14							
15							
16							
17							
18							
19							
20							
21							
22							
23							
24							
25							

【問　題】
1. 完成したグラフにタイトル「事務所経費」、縦軸ラベル「単位　円」を挿入しなさい。（グラフタイトルは14ポイントの太字、縦軸ラベルは10ポイントの縦書きにする。）
2. 縦軸の目盛の最大値を「80,000」に変更しなさい。

Lesson 30　3-Dグラフとスパークライン 2

1. 文字の配置に注意して、表を完成させなさい。
2. F列に3か月分の平均点数を求めなさい。
3. 表の行の高さを20に変更しなさい。
4. G列に3か月の点数の推移をあらわすスパークラインを作成しなさい。
5. 4人の点数から3-D積み上げ縦棒グラフを作成しなさい。
6. 作成したグラフのX軸を60度回転させなさい。
7. 凡例の位置を右にしなさい。
8. グラフを新しいシート（グラフシート）に移動しなさい。
　（グラフ中のフォントサイズは任意とする）

(3)　　　　　　　　　　　　　　　　　　　　　　　　　　　　　(15)

	A	B	C	D	E	F	G
1							
2		模擬テストの結果					
3			6月	7月	8月	平均	点数推移
4		A君	82	78	86		
5		B君	45	53	58		
6		C君	62	84	70		
7		D君	90	88	95		

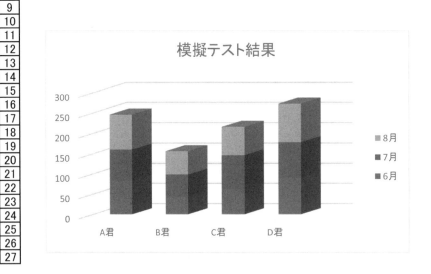

Lesson 31　グラフのまとめ

1. ＜表1＞を使用して、17歳男女の身長の推移を表す適切なグラフを
　表の下に作成しなさい。データの変化が見えるように縦軸の設定を考慮しなさい。
2. ＜表2＞を使用して、日本のブロック別の面積から、全国土に対して各
　ブロックが占める割合を表す適切なグラフを表の下に作成しなさい。
3. ＜表3＞を使用して、2つの大学のチーム力を5項目から一目瞭然に比較できる
　グラフを表の下に作成しなさい。

＜表1＞

身長推移表

年度	男性	女性
1995年	166.8	140.4
2000年	170.6	146.3
2005年	170.9	146.9
2010年	170.9	147.1
2015年	170.8	147
2020年	170.7	146.8

＜表2＞

ブロック別面積

ブロック別	面積(km²)
北海道	8,345,471
東北	6,668,904
関東	3,226,327
北陸	2,520,422
中部	4,736,604
近畿	2,733,416
中国	3,191,550
四国	1,880,287
九州	4,444,568

＜表3＞

チーム力の比較

項目	A大学	B大学
投手力	5	3.2
守備力	4	4
打力	3	5.1
機動力	4	2
総合力	4.5	4

 アドバイス

クイック分析

データを範囲指定すると
表示されるクイック分析
ボタンから、グラフやス
パークラインなどの分析
ツールを簡単に起動する
ことができる。

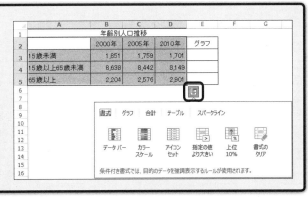

印刷

🌸 印刷プレビュー

印刷イメージを確認することができる。

＜ファイル＞タブ→＜印刷＞を選ぶ。

🌸 ページの設定

■ リボンからのページ設定

＜ページレイアウト＞タブ上のリボンで簡単なページの設定ができる。

ページの向きを変更　　印刷範囲　　印刷タイトル

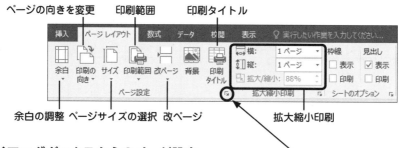

余白の調整　ページサイズの選択　改ページ　　　拡大縮小印刷

■ ダイアログボックスからのページ設定

＜ページレイアウト＞タブ→＜ページ設定＞グループ右下の＜ページ設定＞ボタンで詳細なページの設定ができる。

ページの設定 …… 印刷の向き、用紙のサイズ、拡大縮小など
　　　　　　　　　を設定する。

1ページに印刷を収めたい場合は
「次のページ数に合わせて印刷」を選ぶ。

余白の設定 ……… 上下左右の余白を設定する。

cm単位で指定

水平：用紙の左右中央
垂直：用紙の上下中央

ヘッダーとフッター ……… 上下の余白に文字、日付、ページ番号などを入力できる。

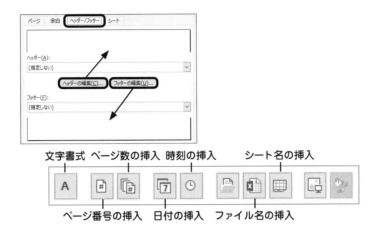

文字書式　ページ数の挿入　時刻の挿入　　　シート名の挿入

ページ番号の挿入　　日付の挿入　ファイル名の挿入

※＜表示＞タブ→＜ブックの表示＞グループ→＜ページレイアウト＞で表示すると、印刷イメージを表示した状態で、セルの入力などの編集作業や、ヘッダー/フッターを設定することができる。ワークシート（標準）画面へ切り替えるには、＜表示＞タブ→＜ブックの表示＞グループ→＜標準＞を選ぶ。

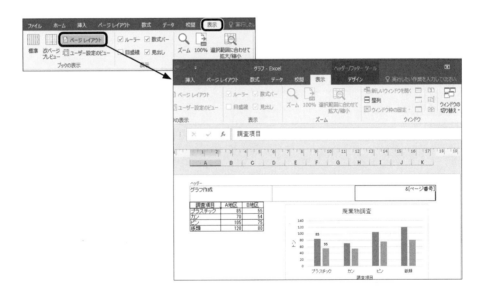

印刷範囲の設定

特定の範囲だけを印刷するには、印刷範囲を設定しなければならない。

① 印刷したいセルを範囲指定する。

② ＜ページレイアウト＞タブ→＜ページ設定＞グループ→＜印刷範囲＞→＜印刷範囲の設定＞を選ぶ。

※印刷範囲を解除する場合は、＜ページレイアウト＞タブ→＜ページ設定＞グループ→＜印刷範囲＞→＜印刷範囲のクリア＞を選ぶ。

❄ グラフのみを印刷

ワークシート上のグラフをアクティブにした状態で印刷の指示をするとグラフのみが印刷される。

❄ 改ページの設定

① 次ページの先頭にしたい行を選ぶ。

② ＜ページレイアウト＞タブ→＜ページ設定＞グループ→＜改ページ＞→＜改ページの挿入＞を選ぶ。

❄ 印刷の実行

＜ファイル＞タブ→＜印刷＞を選び、＜印刷＞ボタンをクリックする。

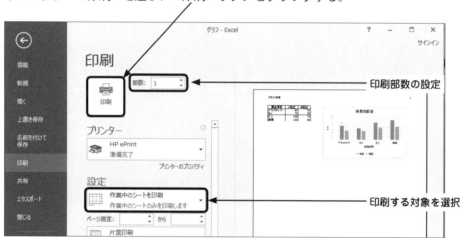

❄ 練習　　　次の保存ファイルを呼び出し、印刷の設定をしなさい。

L-21　次の条件で、A4用紙縦1ページに印刷するように設定しなさい。

1. 印刷位置を用紙の水平に設定する。
2. ヘッダーの右側に「名前」を、左側に「現在の日付」をボタンで設定する。
3. フッターの中央に「ページ番号」をボタンで設定する。

L-22　次の条件で、A4用紙横1ページに印刷するように設定しなさい。

1. B1からH19までを印刷範囲とする。
2. 左右の余白を3、上下の余白を2に指定する。
3. ヘッダーの左側に「名前」、右側に「ファイル名」をボタンで設定する。

統計関数

〽 MAX関数 （最大値を求める）
〽 MIN関数 （最小値を求める）

C9に最大値を求める

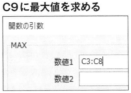

=MAX(C3:C8)

C10に最小値を求める

=MIN(C3:C8)

〽 COUNT関数 （数値が入力されているセルの数を数える）
〽 COUNTA関数 （空白以外のセルの数を数える）

H4に勤務日数を求める

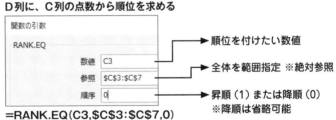

=COUNT(C4:G4)

H2に従業員数を求める

=COUNTA(B4:B6)

〽 RANK.EQ関数 （順位を求める）

指定した数値が範囲内の何番目かの順位を求める。

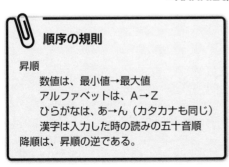

D列に、C列の点数から順位を求める

関数の引数

RANK.EQ

数値	C3
参照	$C$3:$C$7
順序	0

→ 順位を付けたい数値

→ 全体を範囲指定 ※絶対参照

→ 昇順（1）または降順（0）
　※降順は省略可能

=RANK.EQ(C3,$C$3:$C$7,0)

📎 **順序の規則**

昇順
　　数値は、最小値→最大値
　　アルファベットは、A→Z
　　ひらがなは、あ→ん（カタカナも同じ）
　　漢字は入力した時の読みの五十音順
降順は、昇順の逆である。

Lesson 32　　統計関数 1

1. 必要なセル幅の変更をおこない、表を作成しなさい。
2. タイトルは16ポイント、受験番号はオートフィル機能を使って入力しなさい。
3. C17からC19に関数を使用して答えを求めなさい。（平均点は整数表示）
4. D17からE19は、C列の関数式を複写して求めなさい。
5. F列に関数を使用して合計を求めなさい。
6. G7からI7も関数を使用して答えを求め下に複写しなさい。（平均点は整数表示）
7. I4に関数を使用して受験者数を求めなさい。（受験番号を使用）
8. F17からI19に任意の背景色をつけなさい。（計算の答えは不要）

| | (3) | (7) | (7) | (7) | (7) | (7) | (7) | (7) |
	A	B	C	D	E	F	G	H	I

ワープロコンテスト（速度部門）

人数 ▭

受験番号	問題1	問題2	問題3	合計	平均点	最高点	最低点
3001	358	485	520				
3002	410	380	458				
3003	285	350	485				
3004	650	591	701				
3005	550	620	680				
3006	485	370	354				
3007	380	450	465				
3008	375	525	488				
3009	455	460	477				
3010	512	505	415				
最高点							
最低点							
平均点							

SUM, AVERAGE
MAX, MIN →

Lesson 33　統計関数 2

1. 必要なセル幅の変更をおこない、表を作成しなさい。
2. C2に関数を使用して、会員名から会員数を求めなさい。
3. C3に関数を使用して、F列とG列を合わせた募金金額を求めなさい。
4. C4に関数を使用して、F列とG列を合わせた募金件数を求めなさい。
5. C15からE15に関数を使用して、会議の出席者数（〇の数）を求めなさい。

	(3)	(11)	(6)	(6)	(6)		
	A	B	C	D	E	F	G
1							
2		会員数		人			
3		募金金額計		円			
4		募金件数		件			
5							
6			会議出席			募金	
7		会員名	第1回	第2回	第3回	金額	金額
8		あさの		〇	〇	1,000	500
9		いとう	〇	〇	〇	1,000	500
10		さかい	〇		〇	1,000	
11		せと	〇	〇		1,000	500
12		てらだ	〇		〇	1,000	
13		なかた	〇	〇		1,000	500
14		よしかわ	〇	〇	〇	1,000	500
15		出席者数					

COUNT, COUNTA
SUM

Lesson 34　統計関数 3

1. 番号はオートフィル機能を使って入力しなさい。
2. 2種目の平均タイムを求め、小数点第2位まで表示しなさい。
3. G列に関数を使用して、平均タイムの速い順に順位をつけなさい。

	(3)	(5)		(10)		(10)	
	A	B	C	D	E	F	G
1							
2				水泳大会予選			
3							
4		番号	氏名	バタフライ	平泳ぎ	平均タイム	順位
5		1	青島	34.59	41.86		
6		2	岡田	27.68	38.69		
7		3	加賀	31.85	37.29		
8		4	島田	34.21	45.23		
9		5	浜崎	29.88	38.26		
10		6	吉村	28.77	36.99		

AVERAGE
RANK.EQ

Lesson 35　統計関数 4

1. タイトルは14ポイントで入力し、下線をつけなさい。
2. D列、F列に関数を使用して、点数の高い順に順位をつけなさい。
3. G列に2科目合計を求め、H列に関数を使用して、点数の高い順に総合順位をつけなさい。
4. C17からE19に関数を使用して答えを求めなさい。（平均は小数点第1位まで表示）
5. H2に関数を使用して、氏名から人数を求めなさい。
6. C4からC14、E4からE14に任意の背景色をつけなさい。

	A	B	C	D	E	F	G	H
			(3)		(10)		(10)	
1					テスト結果			
2						人数		
3								
4		氏名	数学	数学順位	国語	国語順位	2科目合計	総合順位
5		佐藤	75		68			
6		藤田	60		73			
7		池田	55		72			
8		石川	70		85			
9		山田	100		95			
10		岩倉	95		85			
11		吉田	90		90			
12		村井	75		70			
13		江口	60		48			
14		田中	85		69			
15								
16			最高点	最低点	平均点			
17		数学						
18		国語						
19		2科目合計						

RANK.EQ
MAX, MIN
AVERAGE

Lesson 36　統計関数 5

1. E列に試合数と勝ち数から勝率を求めなさい。（小数点第1位の%表示）
2. F列に関数を使用して、勝率の高い順に順位をつけなさい。

(3)

	A	B	C	D	E	F
1		\multicolumn{4}{c}{夏の高校野球}		
2		\multicolumn{4}{c}{都道府県別ランキング}		
3						
4		代表県	試合数	勝ち数	勝率	順位
5		愛媛	93	60		
6		大阪	125	67		
7		広島	94	53		
8		奈良	56	35		
9		愛知	105	45		
10		兵庫	109	69		
11		高知	61	39		
12		神奈川	78	50		
13		和歌山	84	58		
14		岐阜	59	34		

RANK.EQ

Lesson 37　統計関数 6

1. E列に関数を使用して合計を求めなさい。
2. F列に【参考】にもとづいて成績を求めなさい。（パーはG3を使用）
3. G列に関数を使用して、成績をもとに順位をつけなさい。

(3)

	A	B	C	D	E	F	G
1							
2		\multicolumn{5}{c}{ゴルフコンペ成績表}		
3						パー：	72
4		氏名	午前の部	午後の部	合計	成績	順位
5		佐藤	34	33			
6		藤田	38	37			
7		池田	36	36			
8		石川	40	38			
9		山田	33	35			
10		岩倉	41	40			
11		吉田	37	39			
12		村井	38	35			

【参　考】 成績＝合計－パー打数
　　　　　 ゴルフ競技では、合計打数が少ない人ほど成績が良い。

SUM
RANK.EQ

数学関数

 ROUND関数 （四捨五入）

B2にA2の数値を四捨五入し、小数点第1位まで表示させる。

＝ROUND（A2,1）

表示する桁数の設定 「例：164.356」

表示する桁	100の位	10の位	整数	小数点第1位	小数点第2位
桁数の設定	－2	－1	0	1	2
結果	200	160	164	164.4	164.36

 ROUNDUP関数 （切り上げ）
ROUNDDOWN関数 （切り捨て）

	A	B	C	D
1	計算結果	四捨五入	切り上げ	切り捨て
2	1.4567	1.5	2	0

切り上げ（整数表示）　　　　　**切り捨て（十の位まで求める）**

関数の引数
ROUNDUP
数値　A2
桁数　0

＝ROUNDUP（A2,0）

関数の引数
ROUNDDOWN
数値　A2
桁数　-1

＝ROUNDDOWN（A2,-1）

 INT関数 （指定の小数部分を切り捨てて整数を表示する）

B列に、A列の数値の小数点以下を切り捨てた結果を表示する。

	A	B
1	数値	切り捨て
2	3.56	3
3	1.345	1
4	-8.7	-9
5	-6.3	-7

関数の引数
INT
数値　A2

＝INT（A2）

※数値が正の数と負の数では処理が違うので注意する。

　正の数：小数点以下が切り捨てられる

　負の数：元の値を超えないように小数点以下が切り捨てられる

Lesson **38**　数学関数 1

1. 必要なセル幅の変更をおこない、表を作成しなさい。
2. E列の小計は単価×個数で求めなさい。
3. F列の合計金額は、小計に消費税を含めて計算しなさい。
4. G列に関数を使用して、合計金額を四捨五入し整数表示で求めなさい。
5. H列に関数を使用して、合計金額を切り捨てて十の位まで表示させなさい。
6. I列に関数を使用して、合計金額を十の位を切り上げ表示させなさい。
7. I2に関数を使用して、品名の数を求めなさい。

	(3)		(6)	(6)	(6)				
	A	B	C	D	E	F	G	H	I
1									
2							品名数		
3									
4		品名	単価	個数	小計	合計金額	四捨五入	切り捨て	切り上げ
5		ノート	97	125					
6		ペン	116	146					
7		ルーラー	192	71					
8		ホチキス	481	64					
9		はさみ	616	43					
10		マーカー	86	187					

COUNTA
ROUND, ROUNDUP
ROUNDDOWN →

Lesson 39　数学関数 2

1.「開発不動産」と「TM不動産」では面積の単位表示が異なっている。
　両社の物件を比較しやすいように、次の計算をおこない表を完成しなさい。
　・E列に関数を使用して、㎡あたりの単価を四捨五入して小数点第1位まで求める。
　・F列に関数を使用して、坪あたりの単価を四捨五入して小数点第1位まで求める。
　　（1坪＝3.3㎡とする）

	(3)	(14)	(11)	(10)	(13)	(13)
	A	B	C	D	E	F
1						
2		開発不動産				
3		マンション名	価格（万円）	面積（㎡）	㎡単価（万円）	坪単価（万円）
4		コートハウス	2500	107		
5		緑マンション	1850	78		
6		パークタワー	3100	89		
7						
8		TM不動産				
9		マンション名	価格（万円）	面積（坪）	㎡単価（万円）	坪単価（万円）
10		リバータウン	2480	31		
11		カレッジ通り	1200	25		
12		リラハイツ	3600	38		

ROUND

Lesson **40** 数学関数 3

1. 文字の配置に注意し、表を完成させなさい。（セル幅は任意とする）
2. 次の式を入力しなさい。
   ・売値＝価格×（1－値引率）（関数を使用し、整数未満切り上げること）
   ・消費税＝売値×消費税率(%)（関数を使用し、整数未満切り捨てること）
   ・請求金額＝売値＋消費税
3. 関数を使用して、請求金額の多い順に順位をつけなさい。
4. 合計を求めなさい。（D11とH11は除く）
5. タイトルを表の中央に配置し、下線をつけなさい。
6. 価格、売値、消費税はカンマ表示、請求金額は￥表示にしなさい。
7. D11とH11に半角「－」を1つだけ入力し、繰り返して表示されるようにしなさい。

(3)

	A	B	C	D	E	F	G	H
1								
2				請求額一覧				
3								
4		商品名	価格	値引率	売値	消費税	請求金額	順位
5		商品A	1,530	13%				
6		商品B	2,800	15%				
7		商品C	980	16%				
8		商品D	1,880	21%				
9		商品E	3,250	20%				
10								
11		合計		─────────				─────────
12								

ROUNDUP
ROUNDDOWN
RANK.EQ, SUM

→

IF関数

IF関数（条件を満たす場合、満たさない場合の処理を行う）

点数が80点以上の場合は「合格」、80点未満は「不合格」と表示する。

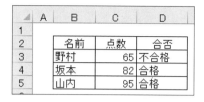

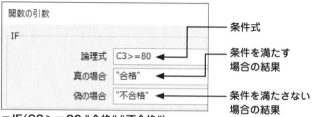

＝IF(C3＞＝80,"合格","不合格")

※2019では「値が真の場合」「値が偽の場合」と表示されている

点数が80点以上の場合は点数をそのまま表示、80点未満は5点プラスする。
真の場合、偽の場合の処理は文字の表示だけではなく、計算をさせることもできる。

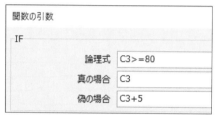

＝IF(C3＞＝80,C3,C3+5)

点数が80点以上の場合は「合格」と表示、80点未満は何も表示しない。（＝空白を表示）

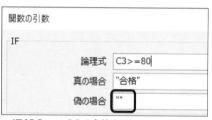

＝IF(C3＞＝80,"合格","")

※空白の表示は""（2つの半角ダブルクォーテーション）を入力する。

点数が空欄の場合は「欠席」と表示、それ以外は何も表示しない。（＝空白を表示）

＝IF（C3＝"","欠席",""）

Lesson 41　IF関数 1

1. E列に合計を求めなさい。
2. F列に関数を使用して、合計が140点以上なら「合格」、それ以外は「不合格」
　と表示しなさい。
3. G列に関数を使用して、合計の高い順に順位をつけなさい。
4. D4の数値を「80」に変更し、「判定」「順位」が変わることを確認しなさい。

(3)

	A	B	C	D	E	F	G
1		受験結果					
2							
3		受験番号	実技試験	科目試験	合計	判定	順位
4		1001	70	68			
5		1002	55	60			
6		1003	68	70			
7		1004	80	73			
8		1005	89	82			
9		1006	100	88			
10		1007	74	70			
11		1008	59	68			
12		1009	60	60			
13		1010	83	75			

SUM, IF
RANK.EQ

Lesson 42　IF関数 2

1. F列に合計を求めなさい。
2. G列に関数を使用して、合計が50万円以上のときは2割引、50万円未満の
　ときは1割引として請求金額を求めなさい。

(3)　　　　(17)

	A	B	C	D	E	F	G
1		請求一覧					
2							
3		取引先	4月	5月	6月	合計	請求金額
4		はるか通商	150,000	260,000	58,000		
5		北海電力株式会社	23,000	250,000	320,000		
6		北門コンビナート	380,000	180,000	80,000		
7		株式会社中村	18,000	5,960	116,500		
8		クリエイト産業	39,800	128,000	39,500		
9		さくら商事	118,000	10,600	73,000		
10		松崎ホーム	40,000	362,400	260,000		
11		みどり堂	6,800	412,000	1,930		

SUM, IF

Lesson **43**　IF関数 3

1. 罫線の種類に注意して表を完成させなさい。
2. D列の文字をインデント「1」の均等割り付けにしなさい。
3. B列に関数を使用して、借方合計と貸方合計を比較し借方合計の方が大きければその差額を表示しなさい。そうでなければ空欄としなさい。
4. F列に関数を使用して、貸方合計と借方合計を比較し貸方合計の方が大きければその差額を表示しなさい。そうでなければ空欄としなさい。
5. 15行目にそれぞれの計を求めなさい。

	(3)	(9)	(9)	(12)	(9)	(9)
	A	B	C	D	E	F
1						
2						
3				合計残高試算表		
4						
5		借方残高	借方合計	勘 定 科 目	貸方合計	貸方残高
6			289,000	現　　　　金	163,000	
7			436,000	当 座 預 金	246,000	
8			6,780,000	売　　掛　　金		
9				買　　掛　　金	4,570,000	
10				支 払 手 形	400,000	
11			4,570,000	仕　　　　入		
12			50,000	消 耗 品 費		
13			34,000	発　　送　　費		
14				売　　　　上	6,780,000	
15				計		

IF, SUM

COUNTIF関数とSUMIF関数

COUNTIF関数 （条件を満たすセルの数を求める）

	A	B	C	D	E	F	G
1		参加者名簿				男女別人数	
2		氏名	性別	年齢		男	
3		仁木	男	28		女	
4		田村	女	22			
5		山崎	男	35			
6		吉田	女	49		年齢別人数	
7		本間	男	38		30未満	
8		松浦	男	20		30以上	

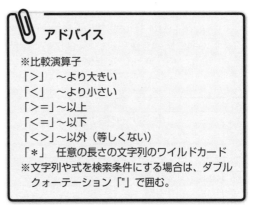

アドバイス

※比較演算子
「>」　〜より大きい
「<」　〜より小さい
「>=」〜以上
「<=」〜以下
「<>」〜以外（等しくない）
「*」　任意の長さの文字列のワイルドカード
※文字列や式を検索条件にする場合は、ダブルクォーテーション「"」で囲む。

G2に男性の人数を求める。

関数の引数

COUNTIF

範囲　C3:C8

検索条件　F2

= COUNTIF(C3:C8,F2)

G7に30歳未満の人数を求める。

関数の引数

COUNTIF

範囲　D3:D8

検索条件　"<30"

= COUNTIF(D3:D8,"<30")

SUMIF関数 （条件に一致する数値の合計を求める）

	A	B	C	D	E	F	G
1		部活予算一覧				分類別集計	
2		分類	クラブ名	予算額		文系	
3		文系	室内楽	28,000		体育系	
4		体育系	テニス	82,000			
5		文系	書道	20,000			
6		文系	美術	56,000			
7		体育系	サッカー	159,000			
8		体育系	ラクロス	85,000			

G2に文系の合計を求める。

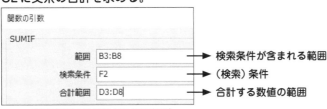

関数の引数

SUMIF

範囲　B3:B8 　　→ 検索条件が含まれる範囲

検索条件　F2 　　→ （検索）条件

合計範囲　D3:D8 　→ 合計する数値の範囲

= SUMIF(B3:B8,F2,D3:D8)

※=SUMIF($B$3:$B$8,F2,$D$3:$D$8)のように絶対参照を使用すると、体育系の式をコピーで求めることができる。

73

Lesson 44 COUNTIF関数とSUMIF関数 1

1. タイトルを14ポイントで入力し、表の中央に配置しなさい。
2. A3からD3のセルに任意の色を付けなさい。
3. G列に関数を使用して、条件にあった受講者数を求めなさい。
   また、F15とF16には条件も入力しなさい。

	A	B	C	D	E	F	G
				(13)	(11)	(10)	
1		セミナー参加者名簿					
2							
3	受講者No.	レベル	所属	住所		所属別受講者数	
4	1001	入門	一般	札幌市西区		学生	
5	1002	初級	一般	函館市		一般	
6	1003	中級	学生	札幌市北区			
7	1004	上級	学生	札幌市西区			
8	1005	入門	学生	小樽市		レベル別受講者数	
9	1006	入門	一般	札幌市中央区		入門	
10	1007	中級	一般	神奈川県		初級	
11	1008	上級	学生	札幌市東区		中級	
12	1009	上級	一般	札幌市西区		上級	
13	1010	初級	学生	小樽市			
14	1011	初級	学生	札幌市豊平区		住所別受講者数	
15	1012	中級	学生	札幌市東区	札幌市		
16	1013	入門	一般	札幌市東区	札幌市以外		
17	1014	中級	学生	札幌市北区			
18	1015	上級	一般	札幌市中央区			
19	1016	中級	一般	函館市			
20	1017	初級	学生	札幌市中央区			
21	1018	上級	一般	神奈川県			
22	1019	入門	一般	小樽市			
23	1020	上級	一般	札幌市北区			

COUNTIF →

Lesson 45　COUNTIF関数とSUMIF関数 2

1. タイトルを太字にし、表の中央に配置しなさい。
2. 販売金額は買取金額の3割増しとし、100円未満は切り捨てなさい。
3. 販売金額から買取金額を引いて利益額を求めなさい。
4. G列に条件にあった金額を関数を使って求めなさい。

	A	B	C	D	E	F (3)(10)	G (12)
1	リサイクル品受入れ状況						
2							
3	製品名	買取金額	販売金額	利益額		製品別利益額合計	
4	パソコン	7,000				パソコン	
5	テレビ	2,000				テレビ	
6	パソコン	5,500				スキャナ	
7	スキャナ	3,000				プリンタ	
8	テレビ	10,000				コピー機	
9	パソコン	20,000					
10	プリンタ	5,000				10000円以上の買取金額合計	
11	スキャナ	6,500					
12	プリンタ	2,500					
13	コピー機	35,000					
14	パソコン	10,000					
15	テレビ	6,000					
16	プリンタ	5,000					
17	スキャナ	3,500					
18	テレビ	1,000					
19	コピー機	20,000					
20	コピー機	9,000					
21	テレビ	4,500					
22	パソコン	20,000					
23	プリンタ	1,500					

SUMIF
ROUNDDOWN

IF関数の入れ子

❖ IF＋IF　（入れ子／ネスト……IF関数を複数重ねる）

IF関数の選択肢は「A」か「B」だが、IF関数を入れ子で使うと、「A」か「B」か「C」か「D」か…と選択肢を増やすことができる。

点数が80点以上の場合は「合格」、70点以上80点未満は「再試験」、70点未満は「不合格」と表示する。

① IF関数で最初の条件を＜論理式＞と＜真の場合＞に入力する。

② ＜偽の場合＞をアクティブにし、関数ボックスからIF関数を選ぶ。

関数ボックス

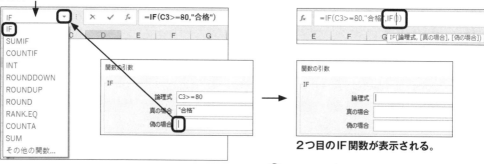

2つ目のIF関数が表示される。

③ 2つ目のIF関数に条件を入力する。

```
=IF(C3>=80,"合格",IF(C3>=70,"再試験","不合格"))
```

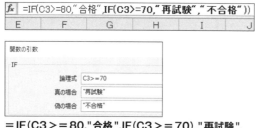

＝IF（C3＞＝80,"合格",IF（C3＞＝70),"再試験",
"不合格"）)

📎 アドバイス

関数の入力中に、数式バーの関数名をクリックすると、対応する関数ボックスが開く。
また、関数は64まで重ねられる。

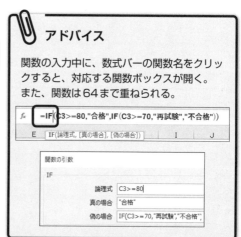

Lesson **46**　　IF関数の入れ子 1

1. ファイルL–6を開き、表の上に2行挿入しなさい。
2. 関数を使用して、肥満度をもとに次のような判定が表示されるようにしなさい。

肥満度　24.1以上　太りぎみ
　　　　20.0〜24.0 普通
　　　　20.0未満　やせ

(3)

	A	B	C	D	E	F	G	H
1								
2								
3		名前	年齢	性別	身長	体重	肥満度	判定
4		さとう	23	男	178	80	25.2	
5		いとう	18	男	165	58	21.3	
6		たなか	35	女	161	50	19.3	
7		えもと	21	男	182	84	25.4	
8		おいかわ	40	女	155	52	21.6	
9		あさの	27	女	170	55	19.0	
10		すずき	19	女	147	40	18.5	
11		うえだ	42	男	168	72	25.5	

IF+IF

Lesson 47　　IF関数の入れ子 2

1. E列に関数を使用して、4-9月と10-3月の合計を求めなさい。
2. F列に＜基準表＞をもとに評価を表示しなさい。
3. C9からE9に関数を使用して、平均を求めなさい。
4. G列に関数を使用して、クラスごとの合計がE9の平均より大きい場合は
「↑」と表示し、そうでなければ空欄としなさい。

＜基準表＞

売上合計	評価
3,000以上	A
2,500以上 3,000未満	B
2,000以上 2,500未満	C
2,000未満	D

(3)

	A	B	C	D	E	F	G
1		キャップを集めてワクチンを送ろう！					
2		クラス	4−9月	10−3月	合計	評価	平均基準
3		1組	1,325	1,771			
4		2組	1,003	1,595			
5		3組	1,335	997			
6		4組	1,212	2,001			
7		5組	1,195	1,305			
8		6組	984	885			
9		平均					

SUM, AVERAGE
IF+IF

IF関数の応用

◈ IF＋AND　（IF関数で複数の重なった条件を満たす場合）

実技、筆記の両方とも80点以上なら「合格」、どちらか一方でも80点未満なら「不合格」とする。

▲	A	B	C	D	E
1					
2			実技	筆記	合否
3		木下	85	90	
4		村上	70	65	
5		池田	100	65	

①IF関数で＜論理式＞をアクティブにし、関数ボックスからAND関数を選び、2つの条件を入力する。

関数ボックス

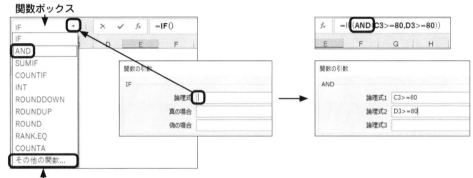

目的の関数がないときは、「その他の関数」から探す。

②AND関数の＜論理式＞を入力後、数式バーの「IF」をクリックする。

③IF関数が表示されるので、＜真の場合＞＜偽の場合＞の処理を入力する。

ANDで結ばれた複数の条件が論理式に入力される。

＝IF（AND（C3＞＝80,D3＞＝80）,"合格","不合格"）

◈ IF＋OR　（IF関数で複数の重なった条件のいずれか一方を満たす場合）

実技、筆記のどちらか一方でも80点以上なら「合格」、両方とも80点未満なら「不合格」とする。

▲	A	B	C	D	E
1					
2			実技	筆記	合否
3		木下	85	90	
4		村上	70	65	
5		池田	100	65	

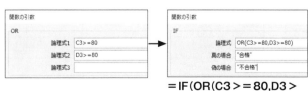

＝IF（OR（C3＞＝80,D3＞＝80）,"合格","不合格"）

Lesson 48　　IF関数の応用 1

1. E列に関数を使用して、国語か数学のどちらかが75点以上であれば「〇」、
   それ以外は「×」を表示しなさい。
2. F列に関数を使用して、国語も数学も75点以上であれば「◎」それ以外は
   空欄を表示しなさい。

(3)

	A	B	C	D	E	F
1				試験結果		
2		氏名	国語	数学	判定1	判定2
3		秋田	63	75		
4		加藤	75	89		
5		瀬戸	78	51		
6		塚田	95	83		
7		西村	55	70		
8		浜田	71	85		
9		松井	82	65		

IF+OR
IF+AND

Lesson 49　　IF関数の応用 2

1. D列に投棄件数の前年差（今年度投棄件数－前年度投棄件数）を
   F列に投棄量の前年差（今年度投棄量－前年度投棄量）を求めなさい。
2. G列に関数を使用して、投棄件数が800件以上、 または投棄量が20万 t 以上で
   あれば「注意！」と表示し、それ以外は空欄にしなさい。
3. H列に関数を使用して、投棄件数前年差と投棄量前年差の両方がマイナスで
   あれば「〇」と表示し、それ以外は空欄にしなさい。

(3)　　(11)

	A	B	C	D	E	F	G	H
1				不法投棄件数及び投棄量の推移				
2		年	投棄件数（件）	投棄件数前年差	投棄量（万 t）	投棄量前年差	判定1	判定2
3		平成24年度	187	－	4.4	－		－
4		平成25年度	159		2.9			
5		平成26年度	165		2.9			
6		平成27年度	143		16.6			
7		平成28年度	131		2.7			
8		平成29年度	163		3.6			
9						※平成29年度環境白書より		
10								

IF+OR
IF+AND

CHOOSE関数

チューズ CHOOSE関数 （インデックスに指定した数字に対応する値を表示）

B列に番号（インデックス）を入力すると、C列に担当者が表示されるようにする。

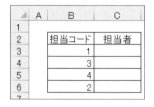

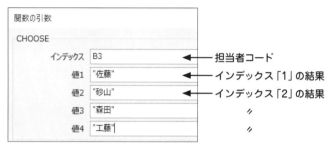

＝CHOOSE(B3,"佐藤","砂山","森田","工藤")

● ファイル名：L-50

Lesson 50　CHOOSE関数 1

1. D列に関数を使用して、コード1は「なし」、2は「自動車普通」、3は「自動車大型」と表示されるようにしなさい。
2. F列に関数を使用して、コード1は「なし」、2は「WP」、3は「EXCEL」、4は「WP・EXCEL」と表示されるようにしなさい。
3. H列に関数を使用して、コード1は「なし」、2は「日商3級」、3は「日商2級」と表示されるようにしなさい。

	(3)	(6)	(10)	(6)	(10)	(6)	(10)
	A	B	C	D	E	F	G	H
1		取得資格一覧表						
2								
3			自動車		パソコン		簿記	
4		氏名	コード	資格名	コード	資格名	コード	資格名
5		ツダ	1		1		1	
6		ヌマタ	3		2		3	
7		ササキ	2		3		3	
8		ソノダ	2		4		2	
9		カトウ	1		2		3	
10		ミヤカワ	2		4		2	
11		ハネダ	2		4		2	
12		アサノ	2		1		2	
13		イノウエ	1		3		1	

CHOOSE

VLOOKUP関数

✦ VLOOKUP関数 （表の左端列を検索し、指定した列と同じ行の値を表示）
（ヴイルックアップ）

■ **完全一致型（FALSE）**　　完全に一致するものを探す。

価格表をもとに請求書を作成する。

B列に番号を入力すると、C列に商品名、D列に価格が表示されるようにする。

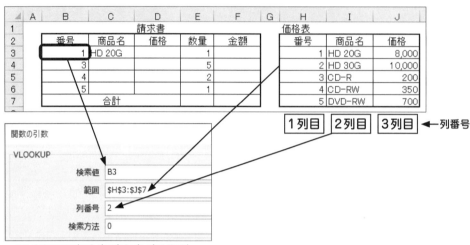

= VLOOKUP（B3,$H$3:$J$7,2,0）

※「範囲」は絶対参照の指定にする

※「列番号」は「範囲」左端から1列目、2列目・・・と数え、必要なデータ列を指定する

※「検索方法」は、完全一致型なら「0」（FALSE）、近似値型なら「1」（TRUE）を指定する

■ **近似値型（TRUE）**　　検索値以下で最も近い数値を探す。

価格表をもとに、料金表を作成する。

G4に人数を入力すると、H4に該当する料金が表示されるようにする。

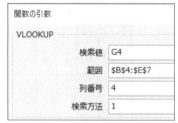

= VLOOKUP（G4,$B$4:$E$7,
　4,1）

アドバイス

近似値型の場合、範囲の左端のデータは昇順に並んでいなければならない。並べ替えの方法については106ページを参照。

Lesson *51*　VLOOKUP関数 1

1. ＜価格表＞を参照して、B列の品番を検索値とし、C列に品名、D列に価格を表示しなさい。
2. F列に個数と価格から金額を求めなさい。

	(3)	(5)		(5)		(3)	(5)	
A	B	C	D	E	F	G	H	I	J

売上日計表

＜価格表＞

	品番	品名	価格	個数	金額		品番	品名	価格
5	101			25			101	オレンジ	200
6	102			113			102	レモン	250
7	103			142			103	ストロベリー	300
8	105			210			104	グレープ	200
9	101			125			105	ミックス	270
10	104			95					
11	101			30					
12	105			15					
13	102			16					
14	104			80					
15	103			90					
16	105			60					
17	101			100					
18	102			101					

VLOOKUP

Lesson 52　VLOOKUP関数 2

1. 表1と表2を参照し、次の条件を満たすように関数を使用して表を作成しなさい。（列幅は任意）
　・C列に社員コードを入力すると、氏名を表示する。
　・E列に出張先を入力すると、旅費と宿泊費を表示する。
2. 支給額は次の計算式によって求めなさい。　支給額＝旅費＋（宿泊費×宿泊日数）

	A	B	C	D	E	F	G	H	I
1		出張旅費計算							
2									
3		日	社員コード	氏名	出張先	旅費	宿泊費	宿泊日数	支給額
4		2	2001		市内			0	
5		2	2003		東京			2	
6		3	1001		仙台			2	
7		4	1003		大阪			1	
8		8	1001		市内			0	
9		10	1001		東京			3	
10		10	1003		東京			2	
11		14	2002		広島			3	
12		18	2001		九州			3	
13		18	2002		東京			2	
14		22	1003		九州			1	
15		23	1001		市内			0	
16									

表1

	社員コード	氏名
18	社員コード	氏名
19	1001	青山
20	3002	伊藤
21	1003	上原
22	2001	金子
23	2002	木村
24	2003	斉藤

表2

出張先	旅費	宿泊費
東京	45,000	12,000
仙台	28,000	11,000
大阪	25,000	13,500
市内	1,200	0
広島	35,000	10,000
九州	43,000	11,000

VLOOKUP

Lesson 53　VLOOKUP関数 3

1. タイトルを太字にし、二重の下線を付けなさい。
2. ＜担当者一覧＞を参照し、車番を入力すると担当者名が表示されるようにしなさい。
3. ＜コードNo.一覧＞を参照し、コードNo.を入力すると品目が表示されるようにしなさい。
　 その際、コードNo.が空白の時は品目も空白になるように工夫しなさい。
4. ＜重量カテゴリ一覧＞を参照し、量を入力するとランクが表示されるようにしなさい。
　 その際、量が空白の時はランクも空白になるように工夫しなさい。

	(3)	(14)		(6)	(3)	(14)		(6)
	A	B	C	D	E	F	G	H	I

	A	B	C	D	E	F	G	H	I
1		容器包装リサイクルによる収集票							
2									
3		車番	担当者						
4		3							
5							＜担当者一覧＞		
6		コードNo.	品目	量(t)	ランク		車番	担当者	
7		107		2.2			1	高橋	
8		101		0.5			2	斉藤	
9		106		0.8			3	森田	
10		102		3.5			＜コードNo.一覧＞		
11		108		2.8			コードNo.	品目	
12		101		3.8			101	無色ガラスビン	
13		103		1.7			102	茶色ガラスビン	
14							103	その他ガラスビン	
15		104		2.5			104	ペットボトル	
16							105	スチール缶	
17		105		2.9			106	アルミ缶	
18							107	紙パック	
19		108		1.8			108	プラスチック製容器	
20							＜重量カテゴリ一覧＞		
21							量(t)		ランク
22							0 ～0.9		1
23							1 ～1.9		2
24							2 ～2.9		3
25							3 以上		4

アドバイス

検索値が空欄の場合、エラーメッセージが表示されないようにするには、
IFとVLOOKUPを入れ子で使う。（76ページ参照）

IF+VLOOKUP

HLOOKUP関数とINDEX関数

🌊 HLOOKUP関数 （表の上端行を検索し、それに対応するセルの値を表示）

検索のしかたは、VLOOKUPと同様、完全に一致するものを探す完全一致型「0」（FALSE）と、検索値以下で最も近い数値を探す近似値型「1」（TRUE）がある。

B列に番号を入力すると、C列に開始時間、D列に終了時間が表示されるようにする。

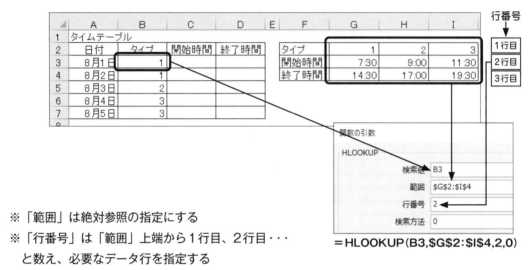

※「範囲」は絶対参照の指定にする

※「行番号」は「範囲」上端から1行目、2行目・・・
　　と数え、必要なデータ行を指定する

＝HLOOKUP（B3,$G$2:$I$4,2,0）

※「検索方法」は、完全一致型なら「0」（FALSE）、近似値型なら「1」（TRUE）を指定する

🌊 INDEX関数 （指定した位置のセルの値を求める）

指定した行と列が交差する位置にあるセルの値を求める。

B8に教室番号、D8に時間帯を入力すると、B9に講座名を表示する。

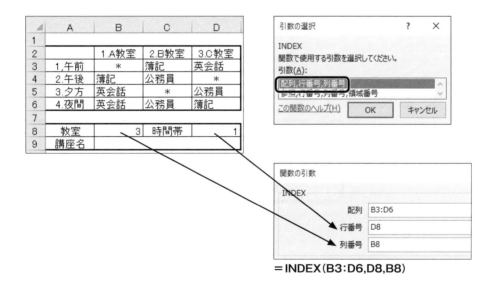

＝INDEX（B3:D6,D8,B8）

Lesson **54** HLOOKUP関数とINDEX関数 1

1. タイトルを太字で入力しなさい。
2. B5に営業所名を入力すると、F5に該当する料金係の電話番号を表示するようにしなさい。
3. B7に営業所名を入力すると、F7に該当する設備係の電話番号を表示するようにしなさい。
4. 任意の営業所名を入力し、動作を確認しなさい。

(3)

	A	B	C	D	E	F	G
1							
2							
3		水道局電話番号案内					
4							
5			営業所の料金係電話番号は				です。
6							
7			営業所の設備係電話番号は				です。
8							
9							
10			営 業 所 名				
11		係名	東西	南北	中央	栄町	緑町
12		料金係	640-3100	220-2100	521-5100	741-3100	850-4100
13		設備係	640-3200	220-2200	521-5200	741-3400	850-4200

HLOOKUP

Lesson 55　HLOOKUP関数とINDEX関数 2

1. エリア表を参照し、エリア番号を入力するとエリア名と担当班が表示されるよう
　にしなさい。その際、エリア番号が未入力でもエラー表示されないようにしなさい。
2. 種類表を参照し、種類番号を入力すると植物名が表示されるようにしなさい。
　その際、種類番号が未入力でもエラー表示されないようにしなさい。
3. ＜入力データ＞を入力し、動作を確認しなさい。

| | (3) | (12) | (9) | (9) | (9) | (9) | (9) |
	A	B	C	D	E	F	G
1							調査日
2							
3		植生調査記入表					
4		エリア番号					
5		エリア名					
6		担当班					
7		種類番号					
8		植物名					
9							
10		エリア表					
11		エリア番号	101	102	202		
12		エリア名	緑の池	林道A	池が原		
13		担当班	A班	B班	C班		
14							
15		種類表					
16		種類番号	58	69	83	119	
17		植物名	ニリンソウ	トベラ	スミレ	ツワブキ	

＜入力データ＞

調査日	9月25日
エリア番号	202, 102, 102, 101, 202
種類番号	69,　69,　58, 119,　83

IF+HLOOKUP

Lesson 56　HLOOKUP関数とINDEX関数 3

1. C12に関数を使用して、C10に学年、C11にクラスを入力すると、
人数が表示されるようにしなさい。
2. 任意の数字を学年とクラスに入力し、動作を確認しなさい。

(3)

	A	B	C	D	E	F	G
1							
2		在籍一覧表					
3							
4			1クラス	2クラス	3クラス	4クラス	5クラス
5		1年	41	42	40	43	40
6		2年	35	38	37	39	37
7		3年	36	37	36	39	36
8		4年	32	37	32	38	35
9							
10		学年					
11		クラス					
12		人数					

INDEX

Lesson 57　HLOOKUP関数とINDEX関数 4

1. C15に関数を使用して、C13の受取額コードとC14の加入者種別
コードを入力すると、保険料が表示されるようにしなさい。
2. 任意のコードを入力し、動作を確認しなさい。

(3)　　　(16)

	A	B	C	D	E	F
1						
2		保険料一覧				
3						
4				加入者種別		
5		受取額（入院1日）	1.男性	2.女性	3.子供	
6		1) 1,000	1,300	1,100	800	
7		2) 2,000	1,700	1,300	1,200	
8		3) 3,000	2,300	1,600	1,400	
9		4) 4,000	3,200	2,100	1,600	
10		5) 5,000	5,000	2,700	1,800	
11		6) 6,000	7,320	3,600	2,000	
12						
13		受取額コード				
14		加入者種別コード				
15		保険料				
16						

INDEX

データベース関数

リストまたはデータベースの中から条件に合致したデータを対象に計算をおこなう。

✿ DSUM関数 （条件を満たすデータの合計を求める）

テーブルの売上合計を求める。

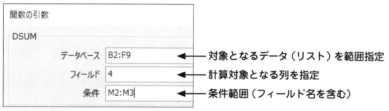

= DSUM(B2:F9,4,M2:M3)

以下同様に計算をおこなう。

✿ DAVERAGE関数 （条件を満たすデータの平均を求める）

✿ DMAX関数 （条件を満たすデータの最大値を求める）

✿ DMIN関数 （条件を満たすデータの最小値を求める）

✿ DCOUNT （DCOUNTA）関数 （条件を満たすデータの個数を求める）

＜比較演算子＞

条件例	意味
10	10
>=10	10以上
<=10	10以下
>10	10より大きい
<10	10より小さい（未満）
<>10	10以外

Lesson **58** データベース関数 1

1. D13に東京の交通費合計を求めなさい。
2. D16に大阪の宿泊費平均を求めなさい。
3. D19に宿泊費が10,000以上の件数を求めなさい。
4. D22に9月5日までの食費の最大値を求めなさい。
5. D25に9月5日以降の宿泊費の最小値を求めなさい。

(3)

	A	B	C	D	E	F	G
1							
2							
3		宿泊先	日付	交通費	宿泊費	食費	
4		大阪	9/1	4,800	13,000	13,000	
5		東京	9/3	5,000	7,600	12,000	
6		大阪	9/3	3,500	15,000	4,000	
7		大阪	9/5	8,600	10,000	7,000	
8		東京	9/6	12,000	7,800	5,000	
9		名古屋	9/6	3,800	8,200	8,000	
10		東京	9/7	8,000	11,000	20,000	
11							
12		東京の交通費合計				宿泊先	
13							
14							
15		大阪の宿泊費平均				宿泊先	
16							
17							
18		宿泊費が10,000以上の件数				宿泊費	
19							
20							
21		9月5日までの食費の最大値				日付	
22							
23							
24		9月5日以降の宿泊費の最小値				日付	
25							

DAVERAGE
DCOUNT, DMAX
DSUM, DMIN

Lesson **59** データベース関数 2

1. 部員数×単価で助成金を求めなさい。
2. D17に文化系の助成金の合計を求めなさい。
3. D20に体育系の部員数の平均を求めなさい。
4. D23に文化系の部の数を求めなさい。
5. D26に体育系で部員数が50人以上の部の助成金の合計を求めなさい。
6. D29に文化系で部員数が20人以上の部の助成金の平均を求めなさい。

(3)　　(10)

	A	B	C	D	E	F	G
1							
2							
3		部名	系	部員数	単価	助成金	
4		茶道	文化	8	500		
5		野球	体育	108	800		
6		軽音	文化	35	500		
7		演劇	文化	20	500		
8		ラクロス	体育	48	800		
9		テニス	体育	56	800		
10		陸上	体育	15	800		
11		ESS	文化	12	500		
12		バレー	体育	18	800		
13		サッカー	体育	39	800		
14							
15					条件式		
16		文化系の助成金の合計					
17							
18							
19		体育系の部員数の平均					
20							
21							
22		文化系の部の数					
23							
24							
25		体育系で部員数が50人以上の助成金の合計					
26							
27							
28		文化系で部員数が20人以上の助成金の平均					
29							

DSUM
DAVERAGE
DCOUNTA

Lesson 60　データベース関数 3

1. ＜社員一覧＞を参照し、社員コードを入力すると氏名を表示するようにしなさい。
2. ＜費目一覧＞を参照し、費目コードを入力すると費目を表示するようにしなさい。
3. ＜社員一覧＞を参照し、社員コードを入力すると所属を表示するようにしなさい。
4. ＜条件欄＞にそれぞれ条件を入力し、＜社員別支出一覧＞と＜費目別支出一覧＞を作成しなさい。

	(3)	(10)		(10)		(10)		
	A	B	C	D	E	F	G	H
1	支出一覧							
2		社員コード	氏名	費目コード	費目	金額	所属	
3		101		1		5200		
4		103		3		1200		
5		104		1		640		
6		101		1		24000		
7		102		4		13000		
8		103		2		4500		
9		105		3		2500		
10		104		4		4500		
11		101		1		3200		
12		102		1		1520		
13		105		3		6800		
14		101		4		2000		
15								
16	＜社員別支出一覧＞			＜費目別支出一覧＞				
17		氏名	金額		費目	金額		
18		田中			交通費			
19		佐々木			通信費			
20		山下			資料代			
21		佐藤			会議費			
22		上田						
23								
24	＜社員一覧＞				＜費目一覧＞			
25		社員コード	氏名	所属		費目コード	費目	
26		101	田中	総務		1	交通費	
27		102	佐々木	人事		2	通信費	
28		103	山下	営業		3	資料代	
29		104	佐藤	総務		4	会議費	
30		105	上田	人事				
31								
32	＜条件欄＞							
33		氏名	氏名	氏名	氏名	氏名		
34								
35		費目	費目	費目	費目			
36								

VLOOKUP
DSUM

日付／時刻の関数

日付は、「1900年1月1日」を1とし、それ以降の日付に連続番号が振られているので、日付間の計算や、日付の表示形式を変更することができる。

また、1年は365日、1日は24時間、1時間は60分というように10進数では計算できないため、それらのものを数値に変換した「シリアル値」を使い、10進数で計算ができるようになっている。

日付の表示形式を変更

① 日付を入力後、＜ホーム＞タブ→＜数値＞グループ右下にある＜表示形式＞ボタンを選ぶ。
② ＜表示形式＞タブの＜分類＞を＜日付＞にし、＜種類＞ボックスの一覧で目的の日付を選ぶ。

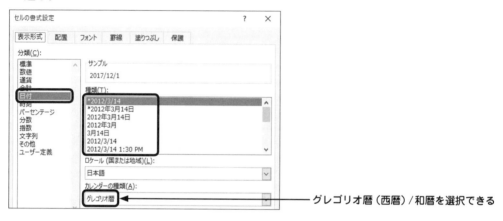

グレゴリオ暦（西暦）／和暦を選択できる

日付・時刻の「シリアル値」を確認

＜ホーム＞タブ→＜数値＞グループ右下にある＜表示形式＞ボタンで、＜表示形式＞タブの「分類」を「標準」にする。

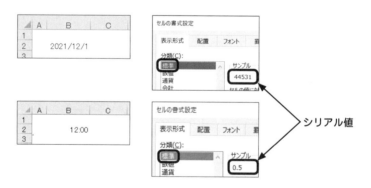

シリアル値

※時刻のシリアル値は、1日を100％として、何％経過したかを小数点数で表す。

簡単な計算

B4に、B2に入力した日付から20日後の日付を求める
B4に式を入力：＝B2＋20

⚛ TODAY関数 （現在の日付を表示）

＝TODAY( )　　引数を指定する必要はない。

⚛ NOW関数 （現在の日付と時刻を表示）

＝NOW( )　　　引数を指定する必要はない。

⚛ DATE関数 （指定した日付に対応するシリアル値を求める）

別のセルに入力している年、月、日を組み合わせ、日付のシリアル値を求める。

◢	A	B	C	D	E
1		年	月	日	DATE
2		2021	1	20	2021/1/20
3		98	3	10	1998/3/10
4		119	9	1	2019/9/1
5		121	4	1	2021/4/1
6					

```
関数の引数
DATE
          年  B2
          月  C2
          日  D2
```

※「年」は、1桁から4桁までの数値を指定することができる。
　それぞれの数値に「1900」を加えた数値が実際の「年」になる。

⚛ DATEDIF関数 （2つの日付の期間を求める）

※「関数の挿入」ボタンからは設定することができないので、式を直接入力する。
　=DATEDIF(古い日付,新しい日付,"表示する日付の単位")

セルC4に入社日から退職日までの勤続年数を求める。

C4	▼	:	× ✓	*fx*	=DATEDIF(C2,C3,"y")		
◢	A	B	C	D	E	F	G	H
1								
2		入社日	1999/4/1					
3		退職日	2021/3/31					
4		金属年数	21					

日付の指定単位

年数	"Y"	1年未満の月数	"YM"
月数	"M"	1か月未満の日数	"MD"
日数	"D"		

⚛ DAYS （デイズ） 関数

（2つの日付の期間を日数で求める）
開始日と終了日を指定し日数を求める。

```
関数の引数
DAYS
   終了日  C3
   開始日  C2
```

📎 アドバイス

次のショートカットで本日の日付や
現在時刻を表示することができる。
ただし、再計算はされない。
日付：Ctrl ＋ :
時刻：Ctrl ＋ :

WEEKDAY（ウィークデイ）関数　（日付から曜日番号を求める）

曜日番号は1（日曜日）から7（土曜日）の範囲の整数で表示される。

C3に日付から曜日番号を求める。

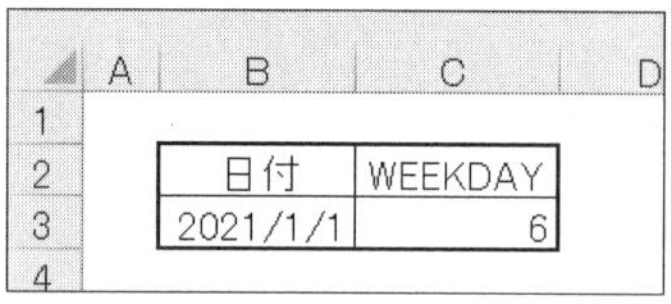

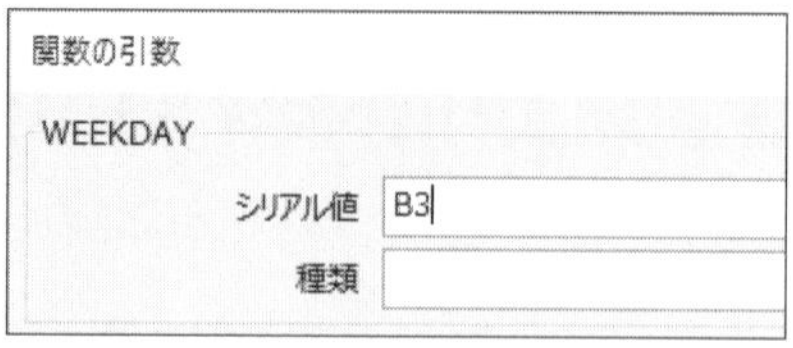

種類	戻り値
1（省略可）	1（日曜日）から7（土曜日）の範囲の整数
2	1（月曜日）から7（日曜日）の範囲の整数
3	0（月曜日）から6（日曜日）の範囲の整数

※求めた曜日番号を「月曜日」などのように、日付の形にする場合は、<ホーム>タブ→<数値>グループ右下にある<表示形式>ボタンで、<表示形式>タブの「分類」から「ユーザー定義」を選び、次のように指定する。

表示例	ユーザー定義
月曜日	AAAA
月	AAA
Monday	DDDD
Mon	DDD

入力は小文字でも可

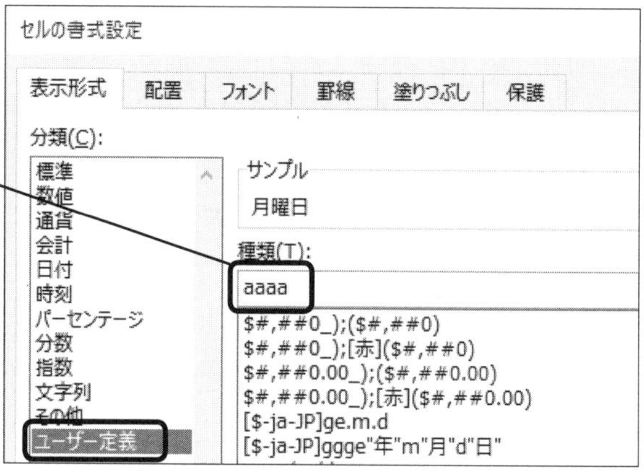

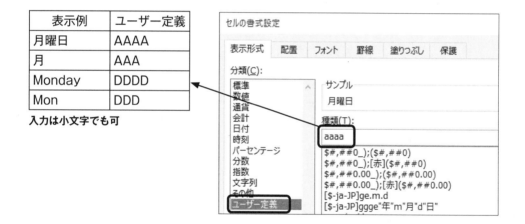

TEXT（テキスト）関数　（日付から曜日を求める）

シリアル値から曜日（月曜日などの形）を表示することができる。

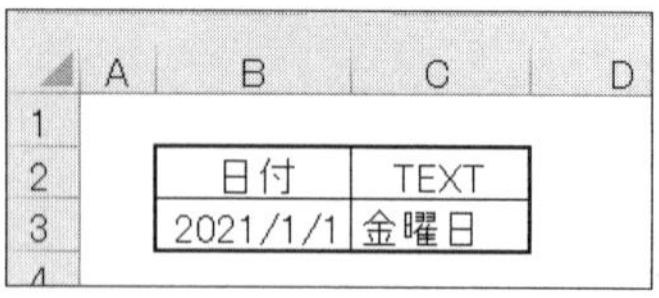

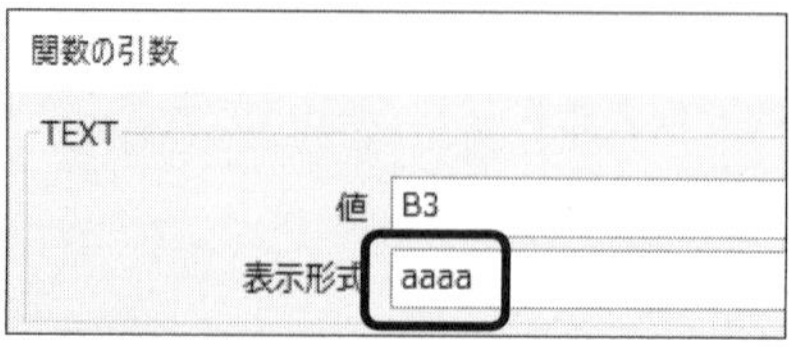

※表示形式は、上記の<ユーザー定義>を参照

時刻の計算

D列に開始時間と終了時間から労働時間を求める。
時刻も日付と同様、計算することができる。
D3に式を入力：＝C3－B3

	A	B	C	D
1	勤務表			
2	日付	開始時間	終了時間	労働時間
3	9月1日	8:30	17:00	8:30
4	9月2日	9:30	17:30	8:00
5	9月3日	9:20	18:45	9:25

時間の合計を求める

D9に労働時間の合計を求める。

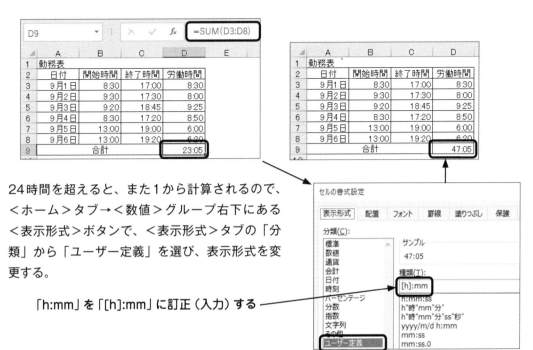

24時間を超えると、また1から計算されるので、
＜ホーム＞タブ→＜数値＞グループ右下にある
＜表示形式＞ボタンで、＜表示形式＞タブの「分
類」から「ユーザー定義」を選び、表示形式を変
更する。

「h:mm」を「[h]:mm」に訂正（入力）する

求めた時間計と時給から給与を求める。
D12に給与（時間計×時給）を求める。

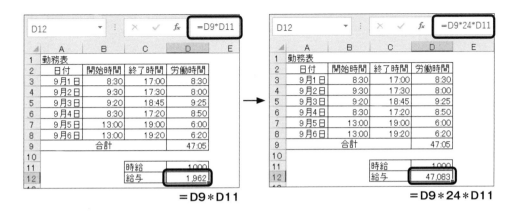

=D9*D11　　　　　　　　　　　　=D9*24*D11

※シリアル値では、24時間を1とした割合になっているので、「24」を掛けて時間を計算す
る必要がある。

Lesson 61　日付／時刻の関数 1

1. D2に関数を使用して、今日の日付を表示しなさい。（表示形式：2012/3/14）
2. D6にあなたの誕生日を入力しなさい。（表示形式：2012/3/14）
3. D4に関数を使用して、D2の日付から曜日を表示しなさい。
4. D8に関数を使用して、D6の日付から曜日を表示しなさい。
5. D10に日数（今日の日付－誕生日）を求めなさい。（表示形式：標準）
6. D12からD14に関数を使用して、誕生日から今日の日付までの期間を求めなさい。

	(3)	(12)	(12)	(12)		
	A	B	C	D	E	F
1						
2		今日の日付				
3						
4					曜日	
5						
6		あなたの誕生日				
7						
8					曜日	
9						
10		誕生日から今日まで			日、	
11						
12		これは、年・月になおすと、			年と、	
13					か月と、	
14					日になります。	

TODAY
DATEDIF
TEXT

Lesson 62　　日付／時刻の関数 2

1. B列の氏名は均等割り付けに設定しなさい。
2. H4に関数を使用して、今日の日付を表示しなさい。（表示形式：H24.3.14）
3. D列に関数を使用して、今日の日付と生年月日から年齢を求めなさい。
4. E列からH列に関数を使用して、現在の日本の法律に沿って有無、可否が
   自動的に表示されるようにしなさい。
5. 各列幅は任意に設定しなさい。

	A	B	C	D	E	F	G	H
1								
2		年齢による各種制限						
3								
4								
5								
6		氏名	生年月日	年齢	選挙権の有無	飲酒の可否	喫煙の可否	運転免許の取得可否
7		五十嵐	1997/1/1					
8		遠　藤	2005/9/25					
9		沼　田	1985/3/17					
10		中　村	1996/6/25					
11		上　田	1988/5/11					
12		前　浜	1999/12/9					
13		大久保	2007/8/9					

TODAY
DATEDIF

Lesson **63** 日付 / 時刻の関数 3

1. 以下の条件にしたがって表を作成しなさい。
   - E3に関数を使用して、＜アルバイト名簿＞を参照し、C3の社員番号から氏名を表示する。
   - 同様に関数を使用して、F5には入社日、F7には時給を表示する。
   - H5に関数を使用して、入社日から今日までの勤続年数を求める。
   - F6に関数を使用して、休日数を求める。
   - C11からC20に関数を使用して、B列の日付から曜日を求める。（表示形式：月）
   - H11からH20に労働時間を求める。（表示形式：13:30）
   - H21に関数を使用して、労働時間の合計を求める。
   - H6にセル参照を使用して、労働時間の合計を表示する。
   - H7に労働時間と時給から給料を求める。（表示形式：通貨）

	(3)	(5)	(5)	(10)	(10)	(10)	(10)
	A	B	C	D	E	F	G	H
1					アルバイト出勤表			
2								
3		社員番号		1	氏名			
4								
5					入　社　日		勤　続　年　数	
6					休　　　日		労　働　時　間	
7					時　　　給		給　　　料	
8								

	日付	曜日	休日	出勤時間	勤務時間		労働時間
					退社時間	休憩時間	
11	12月1日			9:00	17:00	1:00	
12	12月2日		○				
13	12月3日			9:30	13:00	0:20	
14	12月4日			10:00	18:00	1:00	
15	12月5日		○				
16	12月6日		○				
17	12月7日			9:00	18:30	1:30	
18	12月8日			10:00	16:00	0:40	
19	12月9日			12:00	18:30	0:30	
20	12月10日		○				
21					合計		

＜アルバイト名簿＞

社員番号	氏名	入社日	時給
1	菊地	2009/3/1	¥1,200
2	佐藤	2009/3/1	¥1,200
3	熊沢	2011/10/1	¥1,000
4	加藤	2012/2/1	¥900
5	中井	2012/4/1	¥850

TODAY , VLOOKUP
DATEDIF →

シート操作

❖ シートの編集

変更したいシート見出しにマウスポインタをあわせショートカットメニューをひらく。

■ シート名の変更

ショートカットメニューから＜名前の変更＞を選び、新しい
シート名を入力する。

※シート見出しをダブルクリックして、シート名を変更する
　こともできる。

■ シート見出しの色変更

ショートカットメニューから＜シート見出しの色＞を選び、カラーパレットの一覧より色を選ぶ。

■ シートの削除

ショートカットメニューから＜削除＞を選びシートを削除する。

※一度削除したシートは元に戻すことができないので注意が必要。

■ シートの挿入

① ショートカットメニューから＜挿入＞を選ぶ。

② ＜挿入＞ダイアログボックス→＜標準＞タブ→＜ワー
　クシート＞を選ぶ。（選択したシート見出しの左に挿
　入される）

※＜新しいシート＞ボタンをクリックすると、シートの
　一番右にワークシートを挿入できる。—————

■ シートの移動またはコピー

① 移動元／コピー元のシート見出し
　でショートカットメニューから、
　＜移動またはコピー＞を選ぶ。

② ＜シートの移動またはコピー＞ダ
　イアログボックスで、移動先ブッ
　ク名、挿入先を設定する。
　コピーする場合は、＜コピーを作
　成する＞をオンにする。

別のブックに移動／
コピーできる

一番右側に
挿入される

コピーの場合は
「オン」にする

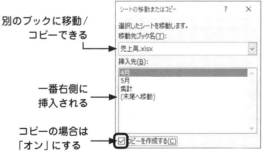

※ドラッグ操作でもワークシートを移動／コピーするこ
　とができる。
　移動／コピーしたいシート見出しにマウスポインタを
　あわせ、移動先／コピー先のシート名の右側までド
　ラッグ（コピーは [Ctrl] キーを押しながらドラッグ）する。

ドラッグ
（コピーは [Ctrl] キーを押し
ながらドラッグ）

シートの作業グループ化

シートを作業グループ化すると、複数のシートに同時に同じ操作ができる。

グループ化したい最初のシート見出しをクリックし、次に最後のシート見出しを [Shift] キーを押しながらクリックする。

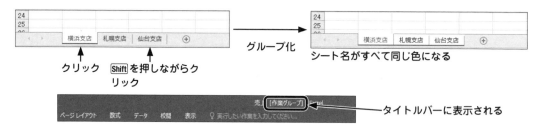

クリック　[Shift]を押しながらクリック　グループ化　シート名がすべて同じ色になる

タイトルバーに表示される

※離れたシートをグループ化したいときは、[Ctrl] キーを押しながらクリックしていく。

※グループ化の解除は、ショートカットメニューで＜作業グループ解除＞を選ぶか、作業グループになっていないシート見出しをクリックする。

3-D集計

シートを串刺しにして集計する。

[シート4月]　[シート5月]　[シート6月]　3シート分を集計する　[シート合計]

① [シート合計] のC3からC6（答えを求めたいセル）を範囲指定し、＜オートSUM＞ボタンを押す。

② [シート4月] のC3（集計対象となる先頭のセル）をクリックする。

③ [シート6月]（集計対象の最後のシート）のシート見出しを [Shift] キー を押しながらクリックする。

④ ＜オートSUM＞ボタンを押すと、C3からC6に集計が表示される。

シート間のリンク貼り付け

シートからシートへ数値データをコピーする時、＜リンク貼り付け＞の設定にすると、コピー元のデータを変更したときにコピー先にも反映される。

コピー後、＜形式を選択して貼り付け＞から、＜リンク貼り付け＞を選択する。

[シート1]

第1四半期	
	売上
前期繰越	0
1月	890
2月	1,050
3月	1,500
合計	3,440

[シート2]

第2四半期	
	売上
前期繰越	3,440
1月	990
2月	1,100
3月	1,020
合計	6,550

Lesson *64*　シート操作 1

1. シート1に＜男子寮＞の表を作成し、合計を求めなさい。
2. シート名を「男子寮」としなさい。
3. シート＜男子寮＞を別シートにコピーし、コピーしたシート名を「女子寮」としなさい。
4. シート＜女子寮＞を下記のように修正しなさい。
5. 2つのシートを作業グループにしなさい。
6. B4からF4の項目名に任意の背景色をつけなさい。
7. タイトルを12ポイント、太字にし、フォント色を青に変更しなさい。
8. 作業グループを解除しなさい。

＜男子寮＞

(3)　　(11)

	A	B	C	D	E	F	G
1							
2			必要経費使用状況				
3							
4			4月	5月	6月	合計	
5		通信費	60,000	53,000	68,000		
6		交通費	48,000	40,000	42,000		
7		光熱費	30,000	26,000	23,000		
8		事務用品費	15,000	12,000	8,000		
9		合計					
10							

＜女子寮＞

(3)　　(10)

	A	B	C	D	E	F	G
1							
2			必要経費使用状況				
3							
4			7月	8月	9月	合計	
5		通信費	55,000	60,000	50,000		
6		交通費	40,000	35,000	46,000		
7		光熱費	40,000	30,000	23,000		
8		事務用品費	25,000	16,000	32,000		
9		合計					
10							

Lesson 65 シート操作 2

1. シート1に＜A店＞の表を作成し、合計を求めなさい。
2. シート名をを「A店」に変更しなさい。
3. シート＜A店＞を別シートにコピーし、コピーしたシート名を「B店」に変更しなさい。
4. シート＜B店＞のデータを修正しなさい。
5. 2つのシートを作業グループにし、表の外枠を太線に変更しなさい。
6. 作業グループを解除しなさい。
7. シート2に＜対比表＞の表を作成し、シート名を「対比表」に変更しなさい。
8. シート＜対比表＞のC5からC10に、シート＜A店＞の売上金額をリンク貼り付けしなさい。
9. 同じく、D5からD10に、シート＜B店＞の売上金額をリンク貼り付けしなさい。
10. 同様に仕入金額もリンク貼り付けしなさい。
11. 合計を求め、表を完成しなさい。（表示されない列があれば列幅を操作しなさい。）
12. シート＜A店＞のC5を「1,150,000」に変更し、シート＜対比表＞も訂正されていることを確認しなさい。

＜A店＞

	A	B	C	D
	(3)	(6)	(10)	(10)
1			コンビニ利用者数	
2			（A店）	
3				
4			売上金額	仕入金額
5		1月	1,200,000	834,900
6		2月	2,583,000	1,574,000
7		3月	3,852,000	956,000
8		4月	4,867,000	1,273,000
9		5月	2,479,000	4,210,000
10		6月	1,978,000	1367900
11		合計		

＜B店＞

	A	B	C	D
	(3)	(6)	(10)	(10)
1			コンビニ利用者数	
2			（B店）	
3				
4			売上金額	仕入金額
5		1月	1,000,000	100,000
6		2月	500,000	100,000
7		3月	800,000	100,000
8		4月	30,000	100,000
9		5月	50,000	100,000
10		6月	50,000	100,000
11		合計		

＜対比表＞

	A	B	C	D	E	F
	(3)	(6)				
1			A店、B店対比表			
2						
3			売上金額		仕入金額	
4			A店	B店	A店	B店
5		1月				
6		2月				
7		3月				
8		4月				
9		5月				
10		6月				
11		合計				
12						

Lesson 66 シート操作 3

1. シート1に＜函館＞の表を作成し、合計および年間計を求めなさい。
2. シート名を「函館」に変更しなさい。
3. シート＜函館＞を別シートにコピーし、コピーしたシート名を「盛岡」に変更しなさい。
4. シート＜盛岡＞のデータを修正しなさい。
5. シート＜盛岡＞を別シートにコピーし、コピーしたシート名を「合計」に変更しなさい。
6. シート＜合計＞のC5からD8のデータを消去し、3D集計でシート＜函館＞とシート＜盛岡＞の合計を求めなさい。（タイトルを変更すること）
7. 3つのシートを作業グループにしなさい。
8. 表の外枠を太線に、タイトルのフォント色を青に変更しなさい。
9. 作業グループを解除しなさい。

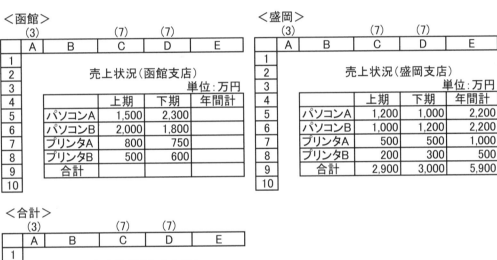

＜函館＞

	A	B	C	D	E
1					
2			売上状況（函館支店）		
3					単位：万円
4			上期	下期	年間計
5		パソコンA	1,500	2,300	
6		パソコンB	2,000	1,800	
7		プリンタA	800	750	
8		プリンタB	500	600	
9		合計			
10					

＜盛岡＞

	A	B	C	D	E
1					
2			売上状況（盛岡支店）		
3					単位：万円
4			上期	下期	年間計
5		パソコンA	1,200	1,000	2,200
6		パソコンB	1,000	1,200	2,200
7		プリンタA	500	500	1,000
8		プリンタB	200	300	500
9		合計	2,900	3,000	5,900
10					

＜合計＞

	A	B	C	D	E
1					
2			売上状況（支店合計）		
3					単位：万円
4			上期	下期	年間計
5		パソコンA			0
6		パソコンB			0
7		プリンタA			0
8		プリンタB			0
9		合計	0	0	0
10					

並べ替え

一定の規則にそって入力したデータの集まりをデータベースと言い、データの並べ替え、抽出などができる。

表の作成

先頭行に項目の見出し行がある規則正しい表を作成する。

行ごとの1件1件のデータをレコードと呼ぶ。

※表の中に空白行があると、そこまでを一つの表、その後を別の表と判断する。

並べ替え（ソート）

あるフィールドについて特定の順序を指定し、レコードを整列することができる。

■ 数学の点数の高い順に並べ替える

① 表を範囲指定する。（A1からD6）

（並べ替えの対象が表全体の場合は、表中の任意のセルをアクティブにするだけでもよい）

② ＜データ＞タブ→＜並べ替えとフィルター＞グループ→＜並べ替え＞で条件を指定する。

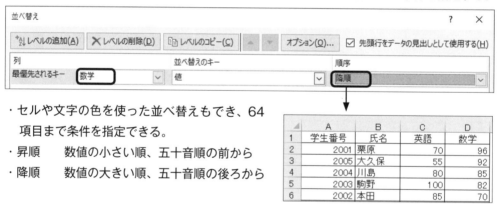

・セルや文字の色を使った並べ替えもでき、64
項目まで条件を指定できる。

・昇順　　数値の小さい順、五十音順の前から

・降順　　数値の大きい順、五十音順の後ろから

■ ツールボタンを使用した並べ替え

① 並べ替えのキーとなるフィールドのセルを1つ指定する。

② ＜データ＞タブ→＜並べ替えとフィルター＞グループ→＜昇順＞または＜降順＞

Lesson 67　並べ替え 1

1. B4からE4に任意の背景色をつけ、表を完成させなさい。
2. 講座名の五十音順に並べ替えなさい。
3. 講座名が同じ場合は、時間帯の昇順に並べ替えなさい。

	A	B	C (6)	D (10)	E	F
1						
2			受講者名簿			
3						
4		講座名	時間帯	時間コード	氏名	
5		中国語	夜間	3	川崎	
6		英語	午後	2	佐藤	
7		英語	午前	1	斉藤	
8		中国語	午前	1	野村	
9		中国語	午後	2	木村	
10		英語	夜間	3	坂本	
11		英語	午前	1	戸田	
12		中国語	夜間	3	水野	
13		中国語	午後	2	竹下	
14						

【問 題】
1. 時間帯の順番（午前→午後→夜間）に並ぶよう、時間コードの昇順に
   並べ替えなさい。
2. D列を非表示にしなさい。
3. ファイル名「L-67-2」で保存しなさい。

アドバイス

列の非表示
　　非表示にしたい列を選択し、＜ホーム＞タブ→＜セル＞グループ
　　→＜書式＞→＜非表示/再表示＞→＜列を表示しない＞
　　（または、ショートカットメニューから＜非表示＞）
列の再表示
　　非表示にした列をはさむ左右の列を選択し、＜ホーム＞タブ→
　　＜セル＞グループ→＜書式＞→＜非表示/再表示＞→＜列の再表
　　示＞（または、ショートカットメニューから＜再表示＞）

Lesson **68**　並べ替え 2

1. 合計点、平均点を計算し、表を完成させなさい。
   （平均は小数点第1位までの表示にすること）
2. フリガナの五十音順に並べ替えなさい。
3. 合計点の高い順に並べ替えなさい。

	(3)	(6)	(6)	(6)	(6)			
	A	B	C	D	E	F	G	H
1								
2			試験結果					
3								
4		氏名	フリガナ	実技	筆記	合計点	平均点	
5		佐藤	サトウ	60	65			
6		土田	ツチダ	80	60			
7		伊藤	イトウ	80	75			
8		本田	ホンダ	75	90			
9		阿部	アベ	65	80			
10		木下	キノシタ	85	85			
11		平均点						
12								

【問　題】

1. 実技の点数の低い順に並べ替えなさい。なお、実技の点数が同じ
   場合は、筆記の点数の高い順に並べ替えなさい。
2. ファイル名「L-68-2」で保存しなさい。

データの抽出

❀ オートフィルター

表内のデータを検索し、条件にあてはまるデータを抽出することができる。

■ 所属が「総務」のデータを抽出

① 表を範囲指定する。（またはリスト内の任意のセルをアクティブにする。）

② ＜データ＞タブ→＜並べ替えとフィルター＞グループ→＜フィルター＞を選ぶ。

③ 所属の▼をクリックし、「すべて選択」チェックボックスをクリック後、「総務」を選ぶ。

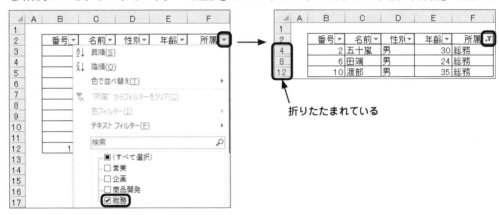

折りたたまれている

※データ表示を元に戻すには、所属の▼をクリックし、「'所属'からフィルターをクリア」を選択するか、＜データ＞タブ→＜並べ替えとフィルター＞グループ→＜クリア＞を選ぶ。

※オートフィルターを解除する場合は、表中の任意のセルをアクティブにし、＜データ＞タブ→＜並べ替えとフィルター＞グループ→＜フィルター＞を選択する。

■ 年齢が「30歳代（30歳以上39歳以下）」のデータを抽出

① 年齢の▼をクリックし、＜数値フィルター＞→
　＜指定の範囲内＞を選ぶ。

② 次のように「30歳以上39歳以下」の条件を指定する。

■ 年齢が「若い人3名まで」のデータを抽出

① 年齢の▼をクリックし、＜数値フィルター＞→
　＜トップテン＞を選ぶ。

③ 次のように「下位3項目」の条件を指定する。

❖ テーブルへの変換

表をテーブルに変換すると、自動的に書式が設定され、データ件数が多い場合はスクロールしても列見出しの項目名が固定された見やすい表になり、より簡単に並べ替え、抽出、集計などができる。

   ① 表を範囲指定する。（またはリスト内の任意のセルをアクティブにする。）

   ② ＜挿入＞タブ→＜テーブル＞グループ→＜テーブル＞を選ぶ。

   ③ テーブルに変換するデータ範囲を確認する。

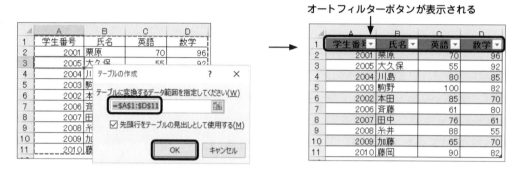

※デザインを選択してテーブルに変換する場合は、＜ホーム＞タブ→＜スタイル＞グループ→
  ＜テーブルとして書式設定＞を選ぶ。

※テーブルを解除するには、＜テーブルツール＞→＜デザイン＞タブ→＜ツール＞グループ→
  ＜範囲に変換＞を選ぶ。

■ 英語と数学の平均を表示する集計行を追加

   ① テーブル内の任意のセルをアクティブにし、＜テーブルツール＞→＜デザイン＞タブ→
     ＜テーブルスタイルのオプション＞グループ→＜集計行＞を選ぶ。

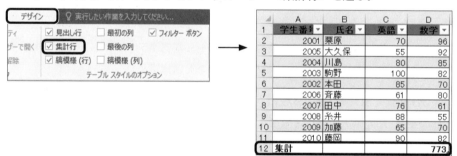

  ② 集計行のセルをクリックし、▼の一覧から「平均」を選ぶ。

⚛ フィルターオプションの設定

オートフィルターと違い、表の外に抽出条件を入力しレコードを抽出することができる。

■ 表（B2からD12）から情報コースの学生を抽出

① 表の項目名をコピーして、抽出条件を入力する場所を作成する。
② 条件欄に条件を入力する。

③ 表を範囲指定（または表内の任意のセルをクリック）し、＜データ＞タブ→＜並べ替え
とフィルター＞グループ→＜詳細設定＞を選ぶ。
④ ＜抽出先＞を＜指定した範囲＞に設定する。
⑤ ＜リスト範囲＞に間違いがないか確認する。
⑥ ＜検索条件範囲＞は、項目行と条件を入力した行を指定する。
⑦ ＜抽出範囲＞は、抽出結果を表示させたいセルの先頭セルを指定する。

フィルター オプションの設定 ? ×

抽出先
○ 選択範囲内(F)
◉ 指定した範囲(O)

リスト範囲(L):	$B$2:$D$12
検索条件範囲(C):	$B$15:$D$16
抽出範囲(T):	Sheet1!$B$18

□ 重複するレコードは無視する(R)

OK　　キャンセル

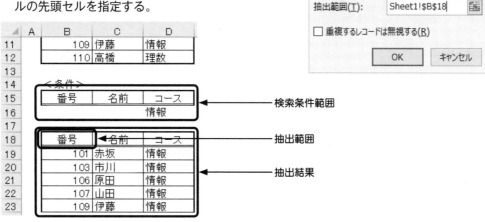

＜条件＞	番号が105以上	
番号	名前	コース
>=105		

＜条件＞	番号が105以上で、なおかつ、コースが芸術	
番号	名前	コース
>=105		芸術

＜条件＞	番号が105以上か、コースが芸術のどちらか	
番号	名前	コース
>=105		
		芸術

Lesson *69* データの抽出 1

1. 文字列にあわせて列を最適幅に設定し、表を完成させなさい。
2. フィルターを設定し、実施内容が面接のレコードを抽出しなさい。

	A	B	C	D	E	F
1						
2			説明会参加企業			
3						
4		会社名	時間帯	実施内容	本社所在地	
5		アディス	午前	説明	東京都新宿区	
6		井上工業	午前	面接	東京都杉並区	
7		日本設備	午後	試験	東京都世田谷区	
8		いすゞ機械	夜間	説明	札幌市中央区	
9		UBD銀行	午前	説明	東京都新宿区	
10		みらい建設	午後	面接	東京都中央区	
11		地理研究所	夜間	試験	横浜市緑区	
12		ABC産業	午後	試験	東京都港区	
13		仙台広告社	夜間	面接	仙台市青葉区	
14						

【問 題】 フィルターをいったん解除しなさい。
　　1. 時間帯が午前で、実施内容が説明のレコードを抽出しなさい。
　　　 答えを確認後フィルターを解除しなさい。
　　2. 本社所在地が東京都のレコードを抽出しなさい。
　　　 答えを確認後フィルターを解除しなさい。
　　3. 本社所在地が東京都以外のレコードを抽出しなさい。
　　　 答えを確認後フィルターを解除しなさい。

Lesson 70　データの抽出 2

1. 学生番号はオートフィル機能を使って入力し、表を完成させなさい。
2. 関数を使用して、合計と平均を求めなさい。
   （平均は小数点第1位までの表示にすること）
3. 表をテーブルに変換しなさい。
4. E列の合計の高い順に並べ替えなさい。
5. 集計行を追加し、前期、後期、合計の平均を表示しなさい。
6. 合計が160以上のレコードを抽出しなさい。

(3)

	A	B	C	D	E	F	G
1							
2		成績管理（数学）					
3		学生番号	前期	後期	合計	平均	
4		31001	68	71			
5		31002	52	66			
6		31003	75	90			
7		31004	55	79			
8		31005	82	75			
9		31006	47	52			
10		31007	95	93			
11		31008	92	89			
12		31009	30	58			
13		31010	88	76			
14							
15							
16							

【問　題】 フィルターをいったん解除しなさい。

1. 平均が50以上、70以下のレコードを抽出しなさい。
   答えを確認後フィルターを解除しなさい。
2. 合計の上位3位までを抽出しなさい。（トップテン使用）
3. ファイル名「L-70-2」で保存しなさい。

Lesson 71　データの抽出 3

1. ＜条件範囲＞、＜出力範囲＞も含め表を完成させなさい。
2. 関数を使用して、合計を求めなさい。
3. 性別が「男」のレコードを抽出しなさい。

	(3)	(6)		(6)		(6)		(6)			
	A	B	C	D	E	F	G	H	I		
1				ボーリング大会スコア表							
2											
3		No.	氏名	性別	年齢	スコア1	スコア2	合計			
4		1	相田	男	28	130	145				
5		2	小川	男	45	154	150				
6		3	小野	女	30	89	100				
7		4	鎌田	男	40	110	98				
8		5	久保	女	22	128	115				
9		6	酒井	女	35	76	85				
10		7	滝田	男	32	120	98				
11		8	仲居	女	42	107	92				
12		9	森田	男	55	99	105				
13											
14		＜条件範囲＞									
15		No.	氏名	性別	年齢	スコア1	スコア2	合計			
16											
17											
18											
19		＜出力範囲＞									
20											

【問　題】
1. 合計が200以上のレコードを抽出しなさい。
2. スコア1もスコア2も100以上のレコードを抽出しなさい。
3. スコア1かスコア2のどちらか一方が100以上のレコードを抽出しなさい。

アドバイス

比較演算子（半角入力）
　「＝」等しい　　　　　「＞」～より大きい　「＜」～より小さい
　「＞＝」～以上　　　「＜＝」～以下　　　「＜＞」～以外（等しくない）
ワイルドカード（半角入力）
　「？」任意の1文字　「＊」任意の長さの文字列

Lesson 72　データの抽出 4

1. ＜条件範囲＞、＜出力範囲＞も含め表を完成させなさい。
2. 血液型がBのレコードを抽出しなさい。

(3)

	A	B	C	D	E	F	G
1			スキー同好会名簿				
2							
3		番号	氏名	血液型	年齢	身長	職業
4		1	佐藤　明	A	20	170	学生
5		2	木下るみ	AB	18	160	学生
6		3	鈴木美樹	A	21	158	主婦
7		4	松田翔太	B	19	162	学生
8		5	上杉太地	B	23	168	会社員
9		6	佐藤りな	O	19	159	会社員
10		7	千葉美穂	AB	25	161	主婦
11		8	三上健太	A	24	175	自営業
12							
13		＜条件範囲＞					
14		番号	氏名	血液型	年齢	身長	職業
15							
16							
17							
18		＜出力範囲＞					
19							
20							
21							

【問　題】

1. 職業が学生か主婦のレコードを抽出しなさい。
2. 身長が160未満のレコードを抽出しなさい。
3. 血液型がA以外のレコードを抽出しなさい。
4. 氏名が佐藤のレコードを抽出しなさい。
5. 身長が160以上、165以下のレコードを抽出しなさい。

条件付き書式

条件を満たす場合のみデータの書式を設定する。

値による条件付き書式

	支店	昨年度	今年度	前年度差	昨年比
	札幌	3,200	3,120	-80	98%
	函館	2,600	2,450	-150	94%
	東京	6,400	6,680	280	104%
	横浜	4,000	3,800	-200	95%
	仙台	3,100	3,100	0	100%

■ 昨年比が100%より大きい場合は明るい赤の背景、95%より小さい場合は赤の文字の書式を設定する

　①F列のセルを範囲指定後、＜ホーム＞タブ→＜スタイル＞グループ→＜条件付き書式＞→＜セルの強調表示ルール＞→＜指定の値より大きい＞を選ぶ。

　②基準になる数値を入力し、書式を選択する。

　③同じ要領で＜セルの強調表示ルール＞→＜指定の値より小さい＞を選び、条件を設定する。

■ 前年度差に青のデータバーを表示する書式を設定する

　①E列のセルを範囲指定後、＜ホーム＞タブ→＜スタイル＞グループ→＜条件付き書式＞→＜データバー＞→＜塗りつぶし（グラデーション）＞の＜青のデータバー＞を選ぶ。

セルの値を色のバーの長さで表示
正の数と負の数を別に表示することができる

※数値の大小を分析する機能には次のものがある。
　データバー ………… 数値の大小をバーの長さであらわす
　カラースケール … 数値の大小を色の濃淡や配色であらわす
　アイコンセット … 数値の大小を3～5のグループに分類し、データの傾向をアイコンの形や色であらわす

■ 今年度が3，500以上の場合は太字斜体文字に書式を設定する

① D列のセルを範囲指定後、＜ホーム＞タブ→＜スタイル＞グループ→＜条件付き書式＞
→＜新しいルール＞を選ぶ。

② ＜指定の値を含むセルだけを書式設定＞を選び、条件や書式を設定する。

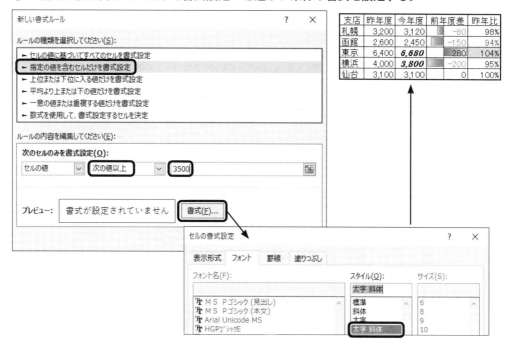

⚜ 数式による条件付き書式

■ 昨年比が100％以上の場合は、B列の支店のセルの色を黄色にする書式を設定する

① B列のセルを範囲指定後、＜ホーム＞タブ→＜スタイル＞グループ→＜条件付き書式＞
→＜新しいルール＞を選ぶ。

② ＜数式を使用して、書式設定するセルを決定＞を選び、条件式や書式を設定する。

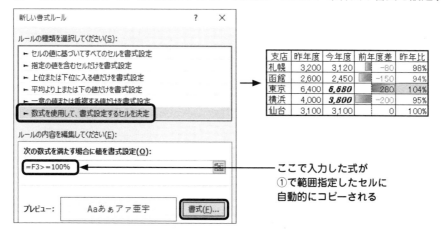

ここで入力した式が
①で範囲指定したセルに
自動的にコピーされる

※条件付き書式を解除する場合は、＜ホーム＞タブ→＜スタイル＞グループ→＜条件付き書式＞
→＜ルールのクリア＞から＜選択したセルからルールをクリア＞、＜シート全体からルールを
クリア＞のいずれかを選ぶ。

Lesson 73　条件付き書式

1. 平均タイムを求め、表を完成させなさい。（小数点第2位までの表示）
2. C列に条件付き書式（強調表示ルール）を使用し、クラス別に書式を設定しなさい。
3. H列に条件付き書式を設定し、平均タイムが「30未満」の場合は文字の
　 スタイルを「太字・斜体」で表示しなさい。
4. F6からG15に条件付書式を設定し、目標タイムをクリアしている場合
　 文字色を「赤」で表示しなさい。

	(3)	(5)	(7)	(7)	(10)		(10)	
	A	B	C	D	E	F	G	H
1								
2								
3				水泳タイム表				
4								
5		番号	クラス	氏名	目標タイム	7/1	7/8	平均タイム
6		1	A	市村	30.0	31.50	30.80	
7		2	A	須藤	29.5	30.30	29.30	
8		3	A	宮田	30.5	32.00	31.50	
9		4	B	森下	28.5	29.40	28.90	
10		5	B	吉川	29.0	29.00	28.70	
11		6	B	鈴木	28.0	28.60	27.90	
12		7	B	山田	30.0	32.40	32.50	
13		8	C	西村	30.5	34.00	32.00	
14		9	C	平野	28.0	30.50	29.00	
15		10	C	金子	29.5	29.00	29.30	
16								

シートの保護

誤操作などでシートを壊してしまわないようにシートを保護でき、保護した範囲は書き換えができない。シートを保護すると、使用できないメニューコマンドは淡く表示される。

シート全体の保護

＜ホーム＞タブ→＜セル＞グループ→＜書式＞→＜シートの保護＞を選ぶ。

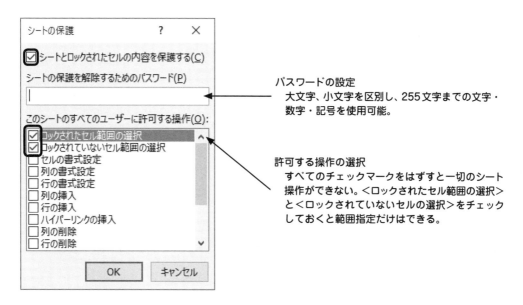

パスワードの設定
　大文字、小文字を区別し、255文字までの文字・数字・記号を使用可能。

許可する操作の選択
　すべてのチェックマークをはずすと一切のシート操作ができない。＜ロックされたセル範囲の選択＞と＜ロックされていないセルの選択＞をチェックしておくと範囲指定だけはできる。

※シートの保護を実行すると、すべてのセルに保護がかかる。

シートの保護を解除

＜ホーム＞タブ→＜セル＞グループ→＜書式＞→＜シート保護の解除＞を選ぶ。

一部のセルを除いてシートの保護をかける

① 保護したくないセル、行、列などを範囲指定し、＜ホーム＞タブ→＜セル＞グループ→＜書式＞→＜セルのロック＞を選ぶ。

※「セルのロック」は、通常すべてのセルで有効になっているので、＜セルのロック＞を選ぶことで「セルのロック」は解除される。

② ＜ホーム＞タブ→＜セル＞グループ→＜書式＞→＜シートの保護＞を選び、シート全体に保護をかける。

※保護が設定されている場合は、いったんすべての保護を解除してから操作を行う。

練習　　　次の保存ファイルを呼び出し、保護の設定をしなさい。

1. シート全体にシートの保護の設定をしなさい。
2. シートの保護を解除しなさい。
3. F列とG列のセル以外にシートの保護がかかるように設定しなさい。

入力規則

指定した範囲に入力するデータの規則を設定する。

また、設定した入力規則に対し無効なデータを入力したときにメッセージを表示させることもできる。

❀ 日本語入力の制御

ひらがな、全角半角カタカナなど入力モードの自動制御がセルごとにできる。

① 範囲指定後、＜データ＞タブ→＜データツール＞グループ→＜データの入力規則＞を選ぶ。

② ＜日本語入力＞タブで、日本語入力するための文字種を選ぶ。

既定では「コントロールなし」となっているので、
入力文字種を選択する。

❀ データの入力規則設定

入力可能なデータを指定し、指定から外れたデータが入力できないように設定する。

■ C列「問題1」に満点の700点より大きな数値が入力できないように設定する

	A	B	C	D	E
1					
2		受験番号	問題1	問題2	問題3
3		301			
4		302			
5		303			
6		304			
7		305			
8		306			
9		307			

① 範囲指定後、＜データ＞タブ→＜データツール＞グループ→＜データの入力規則＞を選ぶ。

② ＜設定＞タブで、＜入力値の種類＞、＜データ＞、＜最大値＞を設定する。

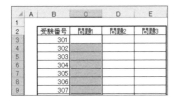

700点より大きな数値を入力すると、
次のメッセージが表示される

■ セルの選択時に「700点満点で入力」とメッセージを表示させる

入力規則の＜入力時メッセージ＞タブで、＜タイトル＞、＜メッセージ＞を設定する。

🎐 任意のエラーメッセージの表示

エラーメッセージのスタイルには次の3種類を設定することができる。
入力規則の＜エラーメッセージ＞タブで、＜無効なデータが入力されたらエラーメッセージ…＞
のチェックを確認し、＜タイトル＞と＜エラーメッセージ＞を入力する。

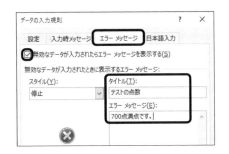

- **停止** 無効なデータは入力できない

- **注意** 無効なデータも入力できる

- **情報** 無効なデータも入力できる

🎐 その他の便利な入力規則

■ ドロップダウンリストからデータを入力する

入力規則の＜設定＞タブで、＜入力値の種類＞から「リスト」を選び、＜元の値＞にリストとな
るデータを入力する。

※それぞれのデータの区切りは半角で「,」を入力する。

※「元の値」はワークシート上の文字を範囲指定してもよい。

■ 性別の入力をドロップダウンリスト「男」「女」から選ぶ

Lesson 74 　入力規則

1. タイトルを14ポイント、太字に設定しなさい。
2. 年齢は「10代」「20代」「30代」「その他」のリストから選べるように設定しなさい。
3. 性別は「男性」「女性」のリストから選べるように設定しなさい。
4. 出身地は入力時に「都道府県名を入力」とメッセージが表示されるようにしなさい。
5. 氏名入力時は日本語入力モードがひらがなになるようにしなさい。
6. フリガナ入力時は日本語入力モードが半角カタカナになるようにしなさい。
7. 質問1は「約半年」「約1年」「約2年」「3年以上」のリストから選べるように設定しなさい。
8. 質問2は「通話」「メール」のリストから選べるように設定しなさい。
9. 質問3は24より大きい数値は入力できないように設定にしなさい。
　　またエラーメッセージのスタイルの設定を「停止」にし、「24以下で入力しなさい」とエラーメッセージが表示されるように設定しなさい。

(3)

	A	B	C	D	E	F	G	H
1								
2		携帯電話の使用に関するアンケート						
3								
4		年齢			氏名			
5		性別			フリガナ			
6		出身地						
7								
8								
9								
10		質問1	携帯電話を使用して何年になりますか？					
11		質問2	通話とメールとどちらが多いですか？					
12		質問3	一日何時間くらい使用しますか？					
13								

ゴールシーク

セルの値から数式を逆算して参照セルの値を求めることができる。

■ 面積を200m^{2}にするための半径を求める

① C4に円の面積を求める式を入力する。

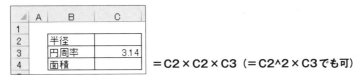

＝C2×C2×C3（＝C2^2×C3でも可）

② ＜データ＞タブ→＜予測＞グループ→＜What-If分析＞→＜ゴールシーク＞を選ぶ。

③ 逆算した値が表示される

Lesson 75　　ゴールシーク 1

1. 下記のような表を作成しなさい。
2. 収入の「合計」に「(受講料+教材費)×人数」の式を入力しなさい。
3. 経費の「雑費」に「(人数×1000)」の式を入力しなさい。
4. 経費の「合計」に合計を求める式を入力しなさい。
5. 収支に「収入合計－経費合計」の式を入力しなさい。
6. 「収支」を「100,000」にするためには、「人数」を何人にすればよいか
   ゴールシークを用いて求めなさい。

	A	B	C	D	E	F
1						
2			収支計画			
3						
4		収入	受講料	15,000		
5			教材費	2,500		
6			人数			
7			合計			
8		経費	会場費	150,000		
9			講師料	100,000		
10			雑費			
11			合計			
12		収支				
13						

Lesson *76* ゴールシーク２

1. C5にPMT関数を使用して、借入額の元利均等返済額を求めなさい。
   PMT関数　　＝PMT（年利÷12, 期間×12, −借入金額）
2. ゴールシークの機能を使用して毎月の返済額を20,000円とする
   場合の借入金額を求めなさい。

(13)

	A	B	C	D	E
1					
2		借入金額	500,000		
3		利率（年利）	3.73%		
4		返済期間（年）	5		
5		返済額(月)			

財務関数には、次のようなものがある。

❋ PMT関数　PMT（利率, 期間, 現在価値, 将来価値, 支払期日）※将来価値と支払期日は省略可

定利率の支払いが定期的に行われる場合、ローンの定期支払額を求める。

① B4をアクティブにし、PMT関数を選択する。
② 「利率」（月単位なので「12」で割る）を入力する。
③ 「期間」（月単位なので「12」を掛ける）を入力する。
④ 「現在価値」（必ず「−」をつけて指定）を入力する。

	A	B
1	年利	10%
2	借入額	1,000,000
3	返済期間(年)	3
4	月支払額	¥32,267

関数の引数

PMT

利率	B1/12
期間	B3*12
現在価値	-B2

❋ FV関数　FV（利率, 期間, 定期支払額, 現在価値, 支払期日）※現在価値と支払期日は省略可

定額の支払いを定期的に行い、利率が一定であると仮定して、投資の将来価値を求める。

① B2をアクティブにし、FV関数を選択する。
② 「利率」（月単位なので「12」で割る）を入力する。
③ 「期間」（月単位なので「12」を掛ける）を入力する。
④ 「定期支払額」（必ず「−」をつけて指定）を入力する。

	A	B
1	年利	4%
2	満期額	763,631
3	積立期間(年)	3
4	月積立額	¥20,000

関数の引数

FV

利率	B1/12
期間	B3*12
定期支払額	-B4

アウトライン集計

表を小計・中計・総計などというように階層を追って集計することができる。

■ 集計する表の準備

集計する表は、前もって集計の基準とする列で並べ替えておく必要がある。

次の表は「分類ごとの昇順、分類が同じ場合は適用ごとの昇順」に並べ替えている。

	日付	分類	金額	適用
	3月20日	交通費	890	タクシー
	3月25日	交通費	1,050	タクシー
	3月2日	交通費	560	地下鉄
	3月15日	交通費	400	地下鉄
	3月1日	食費	2,580	外食
	3月5日	食費	1,000	外食
	3月27日	食費	700	外食
	3月10日	食費	1,500	スーパー
	3月20日	食費	1,300	スーパー
	3月30日	食費	2,630	スーパー

■ 分類ごとに金額を集計する

① 表内の任意のセルをアクティブにする。

② ＜データ＞タブ→＜アウトライン＞グループ→＜小計＞を選ぶ。

③「集計の設定」で次のように設定する。

集計の基準とする列を指定

集計の方法を指定

集計結果を出したい列を指定

オン：現在の集計状態を解除し、新しい集計状態にする
オフ：現在の集計状態に新しい集計状態を加える

オン：集計行を各データテーブルの下に挿入

※集計状態をすべて解除する場合は、「すべて削除」を選ぶ

アウトラインレベル3

自動的にアウトライン
が設定される

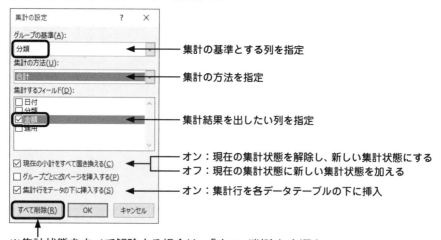

126

アウトラインレベル2

1 2 3	A	B	C	D	E
1					
2		日付	分類	金額	適用
7			交通費 集計	2,900	
14			食費 集計	9,710	
15			総計	12,610	

アウトラインレベル1

1 2 3	A	B	C	D	E
1					
2		日付	分類	金額	適用
15			総計	12,610	

■「適用ごとの金額の集計」を追加する

① 集計表内の任意のセルをアクティブにする。

② ＜データ＞タブ → ＜アウトライン＞グループ → ＜小計＞を選ぶ。

③「集計の設定」で次のように設定する。

追加の場合は「オフ」にする

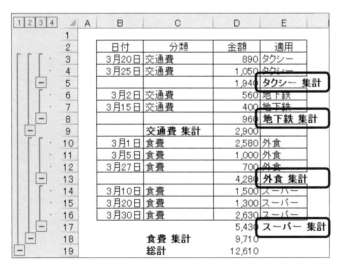

Lesson 77　　アウトライン集計 1

1. 日付は、表示形式をユーザー定義（mm"月"dd"日"）で設定しなさい。
2. タイトルを16ポイント、太字で入力しなさい。

	(3)	(10)	(13)	(10)	
	A	B	C	D	E
1		経費一覧表			
2		日付	勘定科目	金額	支店名
3		01月05日	旅費	15,350	B支店
4		01月12日	通信費	5,800	A支店
5		01月14日	会議費	1,030	C支店
6		01月15日	通信費	26,943	B支店
7		01月18日	旅費	1,560	A支店
8		01月18日	交際費	3,000	B支店
9		01月20日	旅費	4,000	C支店
10		01月25日	給与	250,000	B支店
11		01月25日	旅費	25,000	B支店
12		01月25日	旅費	32,600	C支店
13		01月25日	給与	860,000	A支店
14		02月01日	通信費	8,000	B支店
15		02月05日	通信費	13,684	C支店
16		02月05日	旅費	860	B支店
17		02月08日	会議費	1,545	A支店
18		02月12日	通信費	5,800	B支店
19		02月15日	旅費	12,000	C支店
20		02月20日	通信費	4,000	A支店
21		02月23日	交際費	26,000	A支店
22		02月24日	消耗品費	2,060	B支店
23		02月25日	給与	250,000	C支店
24		02月25日	会議費	25,000	A支店
25		02月25日	旅費	32,600	B支店
26		02月25日	給与	860,000	C支店
27		02月28日	旅費	1,560	B支店

【問　題】

1. 勘定科目の昇順に並べ替え、勘定科目ごとに金額を（アウトライン）集計しなさい。
2. 完成した集計表を下のような表示に変更しなさい。

日付	勘定科目	金額	支店名
	会議費 集計	27,575	
	給与 集計	2,220,000	
	交際費 集計	29,000	
	消耗品費 集計	2,060	
	通信費 集計	64,227	
	旅費 集計	125,530	
	総計	2,468,392	

Lesson 78　アウトライン集計 2

1. タイトルを14ポイントで入力し、表の中央に配置しなさい。
2. 合計金額を計算しなさい。

	A	B	C	D	E	F	G
	(3)		(12)	(14)			(12)
1		部門別売上表					
2							
3		担当者名	部門	商品名	単価	数量	合計金額
4		松本	野球	バット	18,000	3	
5		香取	野球	グローブ	14,800	1	
6		松本	テニス	ラケット	22,000	1	
7		伊藤	テニス	ラケット	22,000	2	
8		田島	テニス	シューズ	16,500	2	
9		香取	ゴルフ	ケース	50,000	2	
10		伊藤	ゴルフ	セット	168,000	2	
11		田島	テニス	ラケット	22,000	2	
12		伊藤	野球	バット	18,000	3	
13		香取	テニス	シューズ	16,500	2	
14		香取	野球	バット	18,000	4	
15		松本	テニス	ボール	1,200	30	
16		松本	ゴルフ	セット	168,000	1	
17		田島	ゴルフ	ケース	50,000	2	
18		松本	テニス	ラケット	22,000	2	
19		伊藤	ゴルフ	セット	168,000	1	
20		田島	テニス	ボール	1,200	100	
21		松本	ゴルフ	セット	168,000	2	
22		田島	ゴルフ	セット	168,000	2	
23		伊藤	テニス	ボール	1,200	200	
24		伊藤	野球	グローブ	14,800	1	
25		田島	野球	グローブ	14,800	3	
26		香取	テニス	ラケット	22,000	3	
27		松本	ゴルフ	ケース	50,000	1	
28		松本	テニス	シューズ	16,500	2	

【問 題】

1. 部門の昇順に並べ替えなさい。
   同じ部門の場合は、商品名の昇順に並べ替えなさい。
2. 部門別の合計金額の（アウトライン）集計をしなさい。
3. さらに商品名別の合計金額の（アウトライン）集計を追加しなさい。

データテーブル

表の数式に様々な値を代入して計算する。

単入力テーブル （代入値が１種類の場合）

■ 一辺の長さを変数として正方形の面積を求める

数式が入力されているセルの左の列に代入値を入力し、表を作成する必要がある。

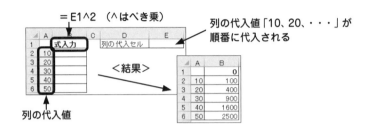

① 列の代入値が代入されるセル（E1）を使用し、B1に式を入力する。

② 数式と代入値を含むよう範囲指定する。（A1からB6）

③ ＜データ＞タブ→＜予測＞グループ→＜What-If分析＞→
＜データテーブル＞を選び、列の代入セル（E1）を指定する。

複入力テーブル （代入値が２種類の場合）

■ 九九の早見表を作成する

数式が入力されているセルの下の列と右の行に代入値を入力し、表を作成する必要がある。

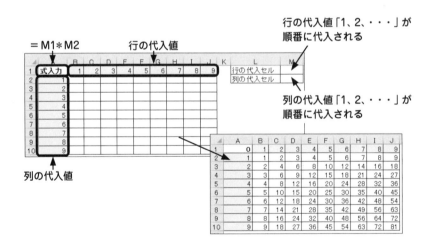

① 列や行の代入値が代入されるセル（M1とM2）を使用し、A1に式を入力する。

② 数式と代入値を含むよう範囲指定する。（A1からJ10）

③ ＜データ＞タブ→＜データツール＞グループ→＜What-If
分析＞→＜データテーブル＞で行の代入セル（M1）と列の
代入セル（M2）を指定する。

Lesson 79 　データテーブル 1

1. A1を半径として、C3からE3にそれぞれの式を入力しなさい。
2. B列の数値を半径の変数とし、データテーブルを使って直径、円の
   面積、円周を求めなさい。（列の代入セルはA1とする）

| | (3) | (10) | (10) | (10) | |
	A	B	C	D	E	F
1						
2		半径	直径	円の面積	円周	
3			=A1*2	=A1^2*3.14	=A1*2*3.14	
4		1				
5		2				
6		3				
7		4				
8		5				
9		6				
10		7				
11		8				
12		9				
13		10				
14		11				
15		12				
16		13				
17		14				
18		15				
19						

Lesson **80** データテーブル 2

1. 「チューリップの売上表」から、データテーブルを使って、「カラー別集計表」を
　完成させなさい。

(3)

	A	B	C	D	E	F	G	H
1								
2								
3		チューリップの売上表				＜条件＞		
4						カラー		
5		カラー	本数	金額				
6		赤	6	3,000				
7		黄	8	2,400		カラー別集計表		
8		白	3	1,200		カラー	本数	金額
9		赤	4	2,000				
10		黄	20	10,000		赤		
11		赤	60	30,000		黄		
12		黄	30	9,000		白		
13		白	15	6,000				
14		赤	1	500				

マクロ

Excel上で行う操作手順を記録したもの。同じ作業を繰り返し実行する場合、自動処理することができる。

マクロの作成

■ 点数の昇順に並べ替えるマクロを作成する

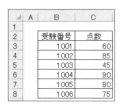

① ＜表示＞タブ→＜マクロ＞グループ→＜マクロ＞→＜マクロの記録＞を選ぶ。
② ＜マクロ名＞と＜マクロの保存先＞、必要に応じて＜ショートカットキー＞と＜説明＞を指定し、＜OK＞をクリックする。

登録名
先頭は必ず文字を入力する。2番目以降には、文字、数字、アンダースコア "_" を使用することができる。スペースは使用できない。

※「ショートカットキー（Ctrlを押しながら半角英小文字）」を入力して、マクロを実行することができる。

※ マクロの保存先
　　個人用マクロブック … 専用のマクロブックが作成され、Excel起動中はいつでも使用可能
　　新しいブック ………… 新しいブックが作成され、そのブックに保存
　　作業中のブック ……… 現在作業しているブックにのみ保存

③ ステータスバーにマクロの記録中ボタンが表示される。

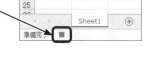

④ 登録したい操作を行った後、＜表示＞タブ→＜マクロ＞グループ→＜マクロ＞→＜記録終了＞を選ぶ。
　（ここでは次の操作を行った後、記録終了する）
　表を範囲指定後、＜データ＞タブ→＜並べ替えとフィルター＞グループ→＜並べ替え＞を選び、最優先されるキーを点数の昇順に設定する。

※ ステータスバーのボタンを使用してもマクロの記録や記録終了を実行することができる。

　→　

※＜開発＞タブを表示すると、＜コード＞グループからマクロを選ぶことができる。＜ファイル＞タブ→＜オプション＞→＜リボンのユーザー設定＞で、＜メインタブ＞の＜開発＞を選ぶ。

マクロの実行

＜表示＞タブ→＜マクロ＞グループ→＜マクロ＞→＜マクロの表示＞でマクロ名を選び、＜実行＞する。

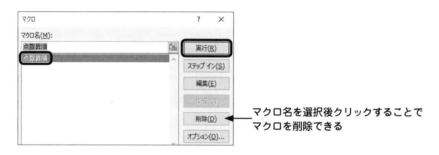

マクロ名を選択後クリックすることで
マクロを削除できる

※ショートカットキーで実行する場合は、[Ctrl]を押しながら登録アルファベットで実行する。

■ 項目名（B2からC2）のセルと文字に任意の色を設定する「相対参照マクロ」を作成し、E2からF2に対して実行する

① B2からC2を範囲指定し＜表示＞タブ→＜マクロ＞グループ→＜マクロ＞→＜相対参照で記録＞を選択後、＜表示＞タブ→＜マクロ＞グループ→＜マクロ＞→＜マクロの記録＞を選ぶ。

② ＜マクロ名＞＜ショートカットキー＞＜マクロの保存先＞を指定し、＜OK＞ボタンをクリックする。

③ 登録したい操作（セルと文字に任意の色を設定）を行った後、＜表示＞タブ→
＜マクロ＞グループ→＜マクロ＞→＜記録終了＞を選ぶ。

④ E2からF2を範囲指定し＜表示＞タブ→＜マクロ＞グループ→＜マクロ＞→＜マクロの
表示＞でマクロ名を選び、＜実行＞する。

図形にマクロを登録

① 登録したい図形上で右クリックし、ショートカットから
＜マクロの登録＞を選ぶ。

② マクロ名を指定する。

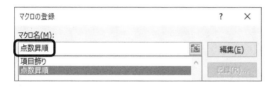

クイックアクセスツールバーへのマクロの登録

① ＜ファイル＞タブ→＜オプション＞→＜クイックアクセスツールバー＞で＜コマンドの
選択＞を「マクロ」にし、一覧から登録したいマクロ名を選び＜追加＞をクリックする。

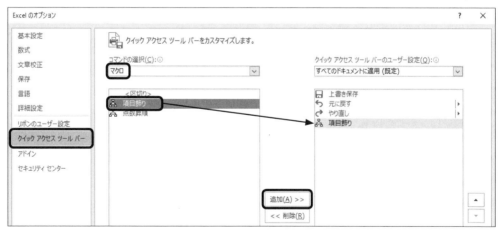

② クイックアクセスツールバーにマクロが登録される。

〟マクロを含むファイルの保存

マクロを含むファイルは、「Excelマクロ有効ブック」として保存する必要がある。

① ＜ファイル＞タブ→＜名前を付けて保存＞を選ぶ。

② ＜保存の場所＞、＜ファイル名＞を指定し、＜ファイルの種類＞の一覧から「Excelマクロ有効ブック」を選ぶ。

〟マクロとセキュリティ

マクロウイルスなどの感染を防ぐため、初期設定ではマクロが無効に設定されているので、マクロを含むファイルを開くと警告が表示される。セキュリティ上問題のないファイルは「コンテンツの有効化」をクリックしてマクロを有効にしたうえでファイルを開くことができる。

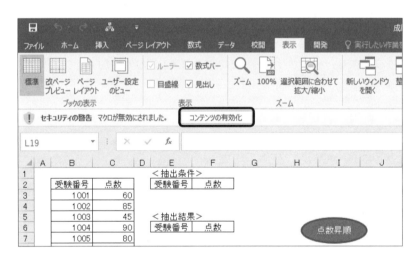

※信頼できないファイルは、「コンテンツの有効化」をクリックしない。その場合、マクロは利用できないが、その他の操作はできる。

Lesson 81　マクロ1

1. タイトルを16ポイント、斜体で入力しなさい。
2. 合計、平均を求めなさい。
3. 合計の高い順に並べ替えるマクロを、マクロ名「並べ替え」で作成しなさい。
4. マクロを実行しなさい。

	A	B	C	D	E	F	G
1							
2							
3							
4			*店別果物売上高*				
5							
6		果物名	駅前	中央	モール	北	合計
7		バナナ	23000	26300	47700	98500	
8		りんご	18500	69600	37900	83100	
9		みかん	35000	36000	76000	65000	
10		ぶどう	15000	26700	83000	72000	
11		いちご	59000	45000	76100	80000	
12		すいか	39000	18400	96000	66600	
13		平均					

【問　題】
1. 果物名の昇順に並べ替えるマクロを、マクロ名「果物名」で作成しなさい。
   また、次の条件でテキストボックスを作成し、「果物名」マクロを登録しなさい。
   1）B1からB2の範囲に作成する。
   2）テキストボックス内に「果物名」という文字列を入力する。
   3）テキストボックスの塗りつぶしの色を任意の色に設定し、文字の配置を縦位置、
     横位置とも中央揃えとする。
2. 数値をカンマ表示にするマクロを、マクロ名「カンマ」で作成しなさい。
   また、次の条件でテキストボックスを作成し、「カンマ」マクロを登録しなさい。
   1）D1からD2の範囲に作成する。
   2）テキストボックス内に「カンマ」という文字列を入力する。
   3）テキストボックスの塗りつぶしの色を任意の色に設定し、文字の配置を縦位置、
     横位置とも中央揃えとする。

Lesson 82 マクロ2

1. エコ率を次の計算式に従って計算し、表を完成させなさい。
   エコ率＝エコバッグ持参÷来店者数
2. エコ率を%スタイルにし、小数点第1位まで表示させなさい。
3. 完成した表にフィルターを設定し、エコ率70%以上を抽出するマクロを「抽出」というマクロ名で作成しなさい。
4. 作成したマクロに、「Ctrl」+「w（小文字）」というショートカットキーを設定しなさい。

(3) (13)

	A	B	C	D	E	F
1						
2		エコバッグ週間集計				
3		店名	来店者数	エコバッグ持参	エコ率	
4		A店	24,000	17,200		
5		B店	28,000	12,500		
6		C店	18,000	9,500		
7		E店	36,000	22,000		
8		F店	23,000	16,200		
9						
10						

【問題】

1. フィルターを設定した表からフィルターを解除し、A1をアクティブにするマクロを、「解除」というマクロ名で作成しなさい。
2. 作成したマクロに、「Ctrl」+「e（小文字）」というショートカットキーを設定しなさい。

138

Lesson **83**　マクロ 3

1. 次のような表を作成するマクロをマクロ名「罫線」で作成しなさい。
   （相対参照マクロを使用すること）
2. B12からF17を範囲指定し、「罫線」マクロを実行しなさい。
3. B2のタイトルを14ポイント、太字、フォント色を青にするマクロを
   マクロ名「タイトル」で作成しなさい。（相対参照マクロを使用すること）
4. B11をアクティブにし、「タイトル」マクロを実行しなさい。

	A	B	C	D	E	F	G
1							
2		表の作成					
3							
4							
5							
6							
7							
8							
9							
10							
11		マクロの練習					
12							

 アドバイス

相対参照マクロは、範囲指定後に＜マクロの記録＞を選ぶ必要がある。

ファイル名：L-84

Lesson *84*　実務応用 1　金種計算表

1. A4横向きの設定で表を作成しなさい。
2. 税金は、時給×時間数が10万円を超える場合は10%、それ以下の場合は7%として計算しなさい。
3. 時給×時間数－税金で支払額を求めなさい。（関数を使用し、切り捨てで整数表示にすること）
4. G列からO列には、支払額の金種内訳を関数を使って求めなさい。

	(3) A	(7) B	(7) C	D	E	F
1						
2		アルバイト賃金支払い				
3						
4						
5		氏名	時給	時間数	税金	支払額
6						
7		鈴木	1,200	135		
8		田中	1,150	87		
9		坂本	1,250	120		
10		伊藤	1,050	110		
11		佐々木	1,000	135		
12		林	1,030	185		
13		村木	980	121		
14		田坂	950	55		

	(5) G	(5) H	(5) I	(5) J	(5) K	(5) L	(5) M	(5) N	(5) O
1									
2									
3									
4	金　種　表								
5	札			硬貨					
6	10000	5000	1000	500	100	50	10	5	1
7									
8									
9									
10									
11									
12									
13									
14									

Lesson 85　実務応用 2　アンケート作成

列幅に気をつけて、処理条件にしたがってアンケートを作成しなさい。

1. タイトルは任意のワードアートを使用して作成しなさい。
2. アンケート項目の選択肢は、チェックボックスやオプションボタンを使用して作成しなさい。
　チェックボックスやオプションボタンは、開発タブを表示し、＜コントロール＞グループ → ＜挿入＞
　からフォームコントロールを使用して作成しなさい。

	A	B	C	D	E	F	G	H	I	J	K	L	M	N	O	P	Q	R	S	T	U	V	W
1																							
2																							

食堂利用者アンケート

① 出身地　　　**② 性別**　　**③ 居住形態**

北海　　○ 都　◉ 道　　☑ 男性　　☑ 一人暮らし　　□ 家族同居
　　　　○ 府　○ 県　　□ 女性　　□ 寮・下宿　　　□ その他

④ 年齢

☑ 10代　　　　□ 20代　　　　□ 30代　　　　□ 40代
□ 50代　　　　□ 60代　　　　□ 70歳以上

⑤ 職業

☑ 高校生　　　□ 大学・専門学校　　□ 会社員　　　□ 自営業
□ 主婦　　　　□ フリーター　　　　□ 無職　　　　□ その他

⑥ 食堂のホームページを見たことがありますか

☑ ある　　　　　　　　　　　　□ ない

⑦ 1週間に何回食堂を利用しますか

□ 0回　　　　　□ 1〜2回　　　☑ 3〜4回　　　□ ほぼ毎日

⑧ 誰と利用することが多いですか（複数回答可）

□ 一人で　　　□ 友人と　　　□ 同僚と　　　□ 家族で
□ その他　　（　　　　　　　　　　　）

ありがとうございました。

Lesson 86　実務応用 3　給与計算

1. ＜シート1＞に給与計算の基となる3つの表を作成しなさい。
2. ＜シート2＞に給与表10月分を次の条件で作成しなさい。
   ・「給-1」を参照し、コード番号から氏名、等級、号、交通費を表示する。
   ・「給-3」を参照し、等級と号から基本給を表示する。
   ・残業手当は、＜シート3＞で計算後、残業手当計算表を参照し表示する。
   ・総支給額を求める。
   ・支給人数計と支給金額計を求める。
3. ＜シート3＞に残業手当計算表を次の条件で作成しなさい。
   ・「給-2」を参照し、コード番号から残業時間を表示する。
   ・残業単価は基本給の1%とし、端数は関数を使って切り上げとする。
   ・残業時間と単価から残業手当を求める。

＜シート1＞

	(3)	(6)	(9)	(6)	(6)			
	A	B	C	D	E	F	G	H
1								
2		給-1						
3		コード	氏名	等級	号	交通費		
4		8005	ウエダ タロウ	1	1	12,500		
5		8101	カトウ ケイコ	1	2	18,000		
6		8102	サトウ ハジメ	2	2	10,500		
7		8305	タナカ ヒロヤ	3	3	15,500		
8		8501	シミズ ケン	4	2	15,500		
9		8601	アソウ タカシ	5	2	12,500		
10		8602	イトウ トシオ	5	3	12,500		
11		8801	ササキ ミサキ	6	2	10,500		
12		8805	タナカ サトミ	6	1	28,000		
13		9001	トリイ マナブ	7	3	12,500		
14								

給-2 / 給-3

	A	B	C	D	E	F	G	H
15		給-2			給-3			
16		コード	残業時間				号	
17		8005	0		等級	1	2	3
18		8101	0		1	355,000	328,000	301,000
19		8102	10		2	285,000	280,000	275,000
20		8305	15		3	260,000	255,000	250,000
21		8501	21		4	245,000	240,000	235,000
22		8601	18		5	230,000	225,000	220,000
23		8602	19		6	200,000	190,000	180,000
24		8801	25		7	175,000	170,000	165,000
25		8805	11					
26		9001	7					

<シート2>

	A	B	C	D	E	F	G	H	I
	(3)	(6)		(6)	(6)				
1									
2		給与表 10月分		支給人数計			人		
3				支給金額計			円		
4									
5		コード	氏名	等級	号	基本給	交通費	残業手当	総支給額
6									
7									
8									
9									
10									
11									
12									
13									
14									
15									

<シート3>

	A	B	C	D	E
	(3)	(6)		(6)	
1					
2		残業手当計算表		10月分	
3		コード	残業時間	単価	残業手当
4					
5					
6					
7					
8					
9					
10					
11					
12					
13					

Lesson 87　実務応用 4　見積書

1. ＜シート1＞から＜シート4＞までを作成しなさい。
2. ＜シート4＞を以下の条件にしたがって完成させなさい。
   1) F2に関数を使用して今日の日付を表示する。（表示形式はH24.3.4）
   2) C4に＜シート1＞を参照して、C3の顧客No.から会社名を表示する。
   3) ユーザー定義を使用して、C4に表示した会社名の後ろに「御中」を表示する。
   4) F7に＜シート3＞を参照して、F6の担当者IDから担当者名を表示する。
   5) ＜シート2＞を参照して、商品コードから商品名と単価を表示する。
      （ただし、商品コードが空欄の時は商品名と単価も空欄とする）
   6) F列に関数を使用して、個数を入力すると金額を計算する。
   7) F38に小計を、F39に消費税額（1円未満を切り捨て）を、F40に合計を求める。
   8) D9にはF40の合計金額をセル参照し、通貨表示にする。
   9) C40の見積有効期限をF2の日付の20日後となるように設定する。

＜シート1＞

	A	B	C
1			
2		顧客リスト	
3		顧客No.	会社名
4		1	白石商店
5		2	小林商事
6		3	中村電設
7		4	清水カルク
8		5	田中P&C
9		6	関口塗料
10		7	中村住建
11		8	高木パイプ
12		9	マイコンショップ
13		10	中野建設

＜シート3＞

	A	B	C
1			
2		担当者リスト	
3		担当者ID	担当者名
4		A101	山本
5		A105	篠田
6		B205	木村
7		B208	森田
8		D608	井上

＜シート2＞

	A	B	C	D
1				
2		商品リスト		
3		商品コード	商品名	単価
4		10	パソコンラック	12,000
5		20	キーボード	14,000
6		30	USBメモリー	1,250
7		40	パソコン本体	148,000
8		50	ディスプレイ	59,000
9		60	複合プリンタ	28,000
10		70	外付けHDD	16,000
11		80	ポータブルHDD	9,800
12		90	プレゼンソフト	17,000
13		100	ワープロソフト	22,000

<シート4>

	A	B	C	D	E	F
1			御見積書			
2						
3		No. _____				
4						
5		_____			株式会社　トレイル	
6					担当者ID _____	
7		下記の通りお見積り致します。			担当者名 _____	
8						
9		合計見積額			（税込み）	
10						
11		商品コード	商品名	単価	個数	金額
12						
13						
14						
15						
16						
17						
18						
19						
20						
21						
22						
23						
24						
25						
26						
27						
28						
29						
30						
31						
32						
33						
34						
35						
36						
37						
38					小計	
39		※見積有効期限			消費税額	
40		_____ まで			合計	

基本統計量

集められたデータの分布の特性を表す指標として基本統計量がある。
例題をもとに基本統計量を解説する。

> 例：ある自動車販売会社の１課と２課のセールスマンの新車販売台数
> 　　　　１課　５人のセールスマン　　　それぞれの販売台数　４ ５ ５ ６ ５（台）
> 　　　　２課　５人のセールスマン　　　それぞれの販売台数　１ １ ６ ９ ８（台）

🎐 データ分布の中心位置を示す指標

■ 平均値　　AVERAGE関数

算術平均と呼ばれるもの。（データの値の総和）÷（データの個数）で求める。

　　　　　　　１課　（4＋5＋5＋6＋5)/5＝5　　平均値＝5
　　　　　　　２課　（1＋1＋6＋9＋8)/5＝5　　平均値＝5

■ 中央値（メジアン）　　MEDIAN関数

データを数値の小さい（あるいは大きい）順に並べ、真ん中の順位に来る値をいう。
（ただしデータ数が偶数の場合は、中央に位置する２つのデータの平均値）

　　　　　　　１課　　４ ５ ⑤ ５ ６　　　　　　中央値＝5
　　　　　　　２課　　１ １ ⑥ ８ ９　　　　　　中央値＝6

■ 最頻値（モード）　　MODE.SNGL関数

最も頻繁に登場する値をいう。

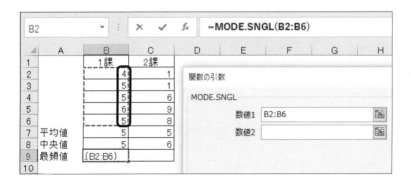

❄ データ分布の広がり、ばらつきを示す指標

■ 範囲（レンジ）

データの中の最大値（MAX関数）と最小値（MIN関数）の差をいう。

1課　6－4＝2		範囲＝2
2課　9－1＝8		範囲＝8

■ 分散　　VAR.P関数

平均値を中心にしたデータのバラツキを示す。

$$分散＝\frac{（各データ－平均）^2 \ の総和}{データ数}$$

$$1課＝\frac{(4-5)^2+(5-5)^2+(5-5)^2+(6-5)^2+(5-5)^2}{5}＝0.4$$

2課（計算式省略）＝11.6

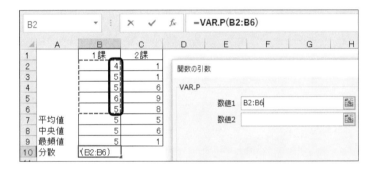

■ 標準偏差　　STDEV.P関数

分散の正の平方根で求める。分散と同じく平均値を中心にしたデータのバラツキを見る指標であるが、2乗した値の平方根をとるので、元のデータと同じ尺度になり分散に比べわかりやすい。

$$標準偏差＝\sqrt{分散}$$

1課　$\sqrt{0.4}＝0.63$	標準偏差＝0.63
2課　$\sqrt{11.6}＝3.41$	標準偏差＝3.41

Lesson 88　基本統計量 1

駐車場における1か月の駐車台数のデータである。
 1. 中央値を求めなさい。
 2. 平均値を求めなさい。
 3. 標準偏差を求めなさい。
 4. 範囲を求めなさい。

47	20	37	59	63	70	50	78
40	35	19	64	62	66	31	60
75	31	39	42	84	41	40	62
68	41	14	18	57	78	56	

※誌面の都合でデータを8列4行に入力しているが、データ入力は任意の列、行
　でかまわない。（これ以降の問題も同様）

Lesson 89　基本統計量 2

社員ごとの月間契約数のデータである。
 1. 最頻値を求めなさい。
 2. 平均値を求めなさい。
 3. 分散を求めなさい。

27	43	24	36	30	25	14	36
36	14	25	47	25	39	12	33
35	28	21	29	15	27	32	13
32	15	35	40	44	22	37	38
50	20	26	25	36	25	14	44
29	29	21	37	11	9	46	30
20	33						

度数分布表とヒストグラム

度数分布表

データを要約し、概要を把握するのに度数分布表を用いる。

例題を基に度数分布表を作成する。

例：あるクラスの身長（30人分、単位cm）

158	165	162	166	159	172	161	160	155	163
160	179	168	167	172	153	182	170	165	162
154	167	162	170	161	183	179	165	168	160

---

① 級を決めるためにデータ全体の最大値と最小値を求める。

最大値＝183　　最小値＝153

アドバイス

データをグループ分けするときのグループを「級」と呼ぶ。それぞれの「級」に入るデータ数を「度数」と呼ぶ。

② 級間隔（グループ分けの間隔）を決定する。

150から5cmごとに184まで級をつくる。

③ ひとつひとつの級にデータを入れる。

データを「｜」や「正」などで数えた場合

級	データを数える	度数
150-154	‖	2
155-159	‖｜	3
160-164	‖‖‖‖｜	9
165-169	‖‖‖‖	8
170-174	‖‖	4
175-179	‖	2
180-184	‖	2

→

級	度数
150-154	2
155-159	3
160-164	9
165-169	8
170-174	4
175-179	2
180-184	2

④ あらたに「境界線」の列を挿入し、級と級の境界線となる数値を入力する。

▲	A	B	C	D	E	F	G	H
1		級	境界線	度数		158	160	154
2		150-154	154	2		165	179	167
3		155-159	159	3		162	168	162
4		160-164	164	9		166	167	170
5		165-169	169	8		159	172	161
6		170-174	174	4		172	153	183
7		175-179	179	2		161	182	179
8		180-184	184	2		160	170	165
9						155	165	168
10						163	162	160

← データ

⑤ 度数を求めるセルすべて（D2からD8）を範囲指定したうえで、FREQUENCY関数を開く。

⑥ ＜データ配列＞には対象となるデータ（F1からH10）を範囲指定する。

＜区間配列＞には境界線のデータ（C2からC8）を範囲指定する。

関数の引数

FREQUENCY

データ配列　F1:H10

区間配列　C2:C8

⑦ Shift と Ctrl キーを同時に押しながら、＜OK＞ボタンを押す。

❄ ヒストグラム

度数分布表の結果をグラフ化したものがヒストグラムで、データの分布状況を視覚化し、データの特徴を明確にする。

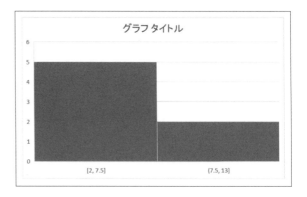

級	度数
150-154	2
155-159	3
160-164	9
165-169	8
170-174	4
175-179	2
180-184	2

統計グラフ
ヒストグラム作成

① 横軸上でショートカットメニューを開き、＜軸の書式設定＞を選ぶ。

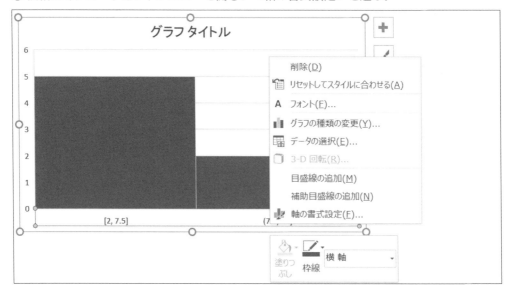

② ＜軸のオプション＞の「分類項目別」を選ぶ。

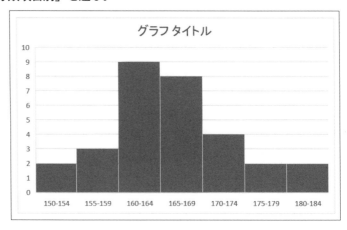

Lesson **90** 度数分布表とヒストグラム 1

次のデータは新製品の開発に向けて、類似商品に関する市場調査をおこなった結果である。

調査項目：購入者年齢層
調査期間：4月、5月
データ数：30件

18	22	15	19	24
29	24	18	27	26
31	30	37	18	21
35	16	34	20	22
17	22	24	38	25
18	23	16	22	20

1. 次の手順で度数分布表を作成しなさい。
   1）最大値と最小値を見つける。
   2）級を決める。
   3）度数を調査する。

年齢層	度数	計

Lesson 91 　度数分布表とヒストグラム 2

次のデータはあるクラスの1日当たりのネット利用時間（分）を調査した結果である。
　データ数：24件

102	125	110	145	80
182	96	130	115	91
150	50	90	180	30
20	97	80	58	76
72	62	52	175	

1. 30分きざみの級で度数分布表を作成しなさい。
2. 次のようなヒストグラムを作成しなさい。

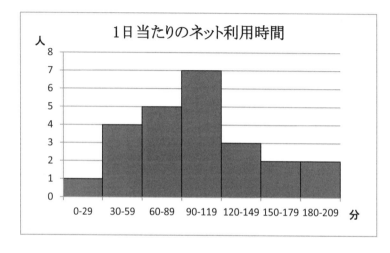

Lesson **92** 度数分布表とヒストグラム 3

次のデータは新規店舗開店に向けて、同規模の既存店の来店者数を調査した結果である。

　調査期間：約3か月

　調査日：毎日

　データ数：104件

292	373	282	251	322	392	366	300	226
325	300	356	319	213	229	244	347	283
253	317	306	390	287	268	257	247	318
306	274	231	370	275	186	327	297	260
285	365	272	335	167	289	352	321	341
319	351	299	327	405	259	376	360	259
339	301	337	229	244	279	243	272	211
316	311	287	248	199	274	286	367	317
434	346	329	338	319	244	329	329	274
288	306	189	248	344	262	385	302	366
250	397	292	261	314	372	232	300	313
252	303	311	262	349				

1. 度数分布表を作成しなさい。
2. 来店客数を項目軸にヒストグラムを作成しなさい。

　　タイトルは「過去3か月の来店客数」、項目軸ラベルは「人」としなさい。

来店客数	境界線	度数

相関係数

2つの量的データXとYがあるとき、Xのデータの変化に伴ってもう一方のデータYも変化するような関係を相関関係という。

・正の相関関係：Xが増えるとYも増える

　　　　例）入場者数と売上、鹿の頭数と農業被害、喫煙年数と肺がんの発症率

・負の相関関係：Xが増えるとYは減る

　　　　例）練習回数と失敗の数、携帯電話の普及率と固定電話台数

◈ 相関係数について

・rの値が正ならば「正の相関」関係があることを示し、rの値が1.0に近ければ近いほど、相関関係が強い。

・rの値が負ならば「負の相関」関係があることを示し、rの値が−1.0に近ければ近いほど、相関関係が強い。

・rの値が0に近ければ無相関になる。

CORREL関数を使って相関係数を求める。

　　例：年齢と年収の相関を見る。

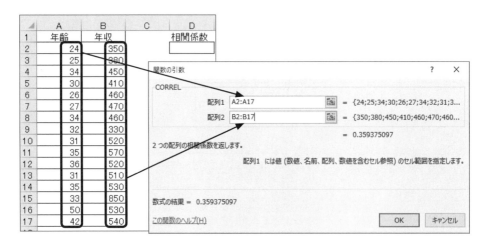

相関係数の見方（正の相関の例）

rが0.8以上………強い相関あり

rが0.6以上………相関あり

rが0.4以上………弱い相関あり

rが0.4未満………ほとんど相関なし

Lesson 93 　相関係数 1

地区別に収量と平均気温を測定した。
　1. 収量と平均気温との相関係数を求め、相関の有無についてコメントしなさい。

地区	収量	平均気温	地区	収量	平均気温
A	69	17.1	K	69	17.1
B	62	15.9	L	53	15.9
C	63	15.5	M	63	16.5
D	74	16.5	N	74	16.1
E	69	15.8	O	51	14.8
F	73	15.7	P	73	15.1
G	45	14.3	Q	57	14.7
H	74	17.2	R	74	15.2
I	56	15	S	78	18.5
J	66	16.6	T	66	16.6

Lesson 94 　相関係数 2

40人の学生に対し、英語の試験を前期と後期に実施した。
　1. 2回の成績の相関係数を求め、相関の有無についてコメントしなさい。

前期	後期	前期	後期	前期	後期	前期	後期
15	20	50	65	45	40	80	68
45	55	85	75	50	65	57	65
42	60	45	65	100	71	24	44
50	63	70	70	65	66	79	59
80	48	100	87	90	60	45	71
15	40	60	70	25	49	18	73
60	65	50	60	60	72	70	63
5	25	55	70	38	63	50	42

散布図

2つの量的データXとYを散布図にあらわし、相関関係を把握する。

以下のデータから散布図を作成する。

◢	A	B
1	年齢	年収
2	24	350
3	25	380
4	34	450
5	30	410
6	26	460
7	27	470
8	34	460
9	32	330
10	31	520
11	35	570
12	36	520
13	31	510
14	35	530
15	33	850
16	50	530
17	42	540

相関係数（CORREL 関数）＝ 0.359375

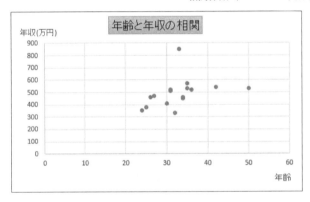

年齢と年収からプロットされている点はやや右肩あがりで、弱い正の相関があると言える。このことから、相関係数 0.3611 と同様の結果を示していることがわかる。さらにわかりやすいように、散布図のマーカー上でショートカットメニューを開き、＜近似曲線の追加＞を使用して「近似曲線」を引く。

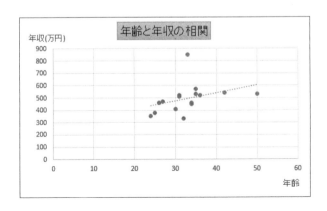

Lesson 95　散布図 1

1週間あたりのトレーニング回数と持久力の増加率についてのデータである。
1. 相関係数を求め相関の有無についてコメントしなさい。
2. 散布図を作成し、近似曲線を加えなさい。

	トレーニング回数	持久力の増加率
村上	1	5.0%
山下	3	15.0%
佐藤	2	20.0%
鳥居	1	9.0%
片山	4	32.0%
坂井	1	12.0%
野村	2	25.0%
小嶋	2	12.0%

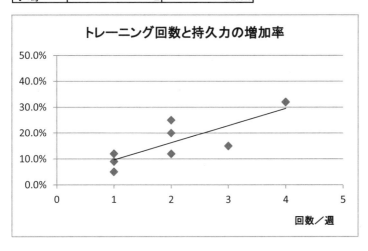

Lesson 96 　散布図 2

あるスーパーチェーンの売場面積と売上高のデータである。
1. 相関係数を求め相関の有無についてコメントしなさい。
2. 散布図を作成し、近似直線を加えなさい。
タイトルは「売場面積と売上高」、数値軸ラベルは「売上高」、項目軸ラベル
は「売場面積」としなさい。

店名	売場面積	売上高
A	700	9
B	900	14
C	900	13
D	1200	18
E	1500	22
F	1100	18
G	1400	19
H	1100	19
I	1500	21
J	1200	16

ピボットテーブルの基礎

❖ クロス集計

クロス集計とは、与えられたデータの2つから3つの項目についてデータの集計および分析を行うことをいう。

例：携帯電話の1日あたりの通話時間

通話時間の列には、0-10分の場合「1」、11-20分の場合「2」、21-30分の場合「3」、31-40分の場合「4」を記入する。

⊿	A	B	C	D
1	データNo.	所属	性別	通話時間
2	1	中学生	男子	1
3	2	大学生	男子	1
4	3	高校生	女子	1
5	4	大学生	女子	2
6	5	中学生	男子	2
7	6	大学生	男子	2
8	7	大学生	女子	2
9	8	高校生	男子	2
10	9	大学生	女子	2
11	10	大学生	女子	1
12	11	中学生	男子	1
13	12	中学生	女子	2
14	13	大学生	女子	2
15	14	高校生	男子	1
16	15	大学生	男子	2
17	16	大学生	男子	2
18	17	高校生	女子	2
19	18	高校生	女子	2
20	19	大学生	女子	2
21	20	大学生	男子	4
22	21	大学生	女子	3
23	22	大学生	女子	3
24	23	大学生	男子	4
25	24	高校生	女子	3
26	25	大学生	女子	3
27	26	大学生	男子	4
28	27	大学生	女子	3
29	28	大学生	女子	3
30	29	大学生	女子	3
31	30	高校生	女子	4

[通話時間]×[人数]（単純集計）

通話時間	人数	割合
0-10分	6	20.0%
11-20分	13	43.3%
21-30分	7	23.3%
31-40分	4	13.3%
合　計	30	100%

[通話時間]×[性別×人数]（クロス集計）

通話時間	男子	女子
0-10分	4	2
11-20分	5	8
21-30分	0	7
31-40分	1	1

[通話時間]×[所属×人数]（クロス集計）

通話時間	中学生	高校生	大学生
0-10分	2	2	2
11-20分	2	3	8
21-30分	0	2	5
31-40分	0	1	3

⊛ ピボットテーブルの基礎

ピボットテーブルを用いることでクロス集計が容易にでき、データを集計したり、統計的にまとめたりして、データを多角的に分析することができる。

■ 前ページの例題を基にピボットテーブルを作成し、所属、通話時間ごとの人数を集計する

① 表内の任意のセルをアクティブにし、
<挿入>タブ→<テーブル>グループ→<ピボットテーブル>を選ぶ。

② 分析するデータ、配置する
場所を指定する。

範囲が表示されるので確認する

新規ワークシート： 新しいシートが自動的に
作成される
既存のワークシート：指定したワークシート上の
指定したセルに作成する

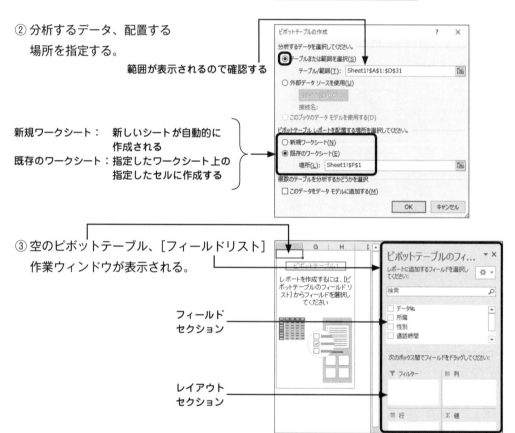

③ 空のピボットテーブル、[フィールドリスト]
作業ウィンドウが表示される。

フィールド
セクション

レイアウト
セクション

④ ピボットテーブルのレ
イアウトを設定する。
フィールドセクションの
「所属」を<列>ボック
ス、「通話時間」を<行>
ボックス、「データNo.」
を<値>ボックスにそ
れぞれドラッグする。

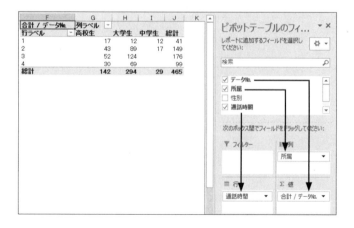

合計 / データNo.	列ラベル			
行ラベル	高校生	大学生	中学生	総計
1	17	12	12	41
2	43	89	17	149
3	52	124		176
4	30	69		99
総計	142	294	29	465

⑤ ［通話時間］ × ［所属×人数］のクロス集計表ができあがる。

集計方法を目的に合わせて変更する。レイアウトセクションの＜値＞ボックス内の「合計／データ」の▼から＜値フィールドの設定＞を選び、集計の種類を変更する。

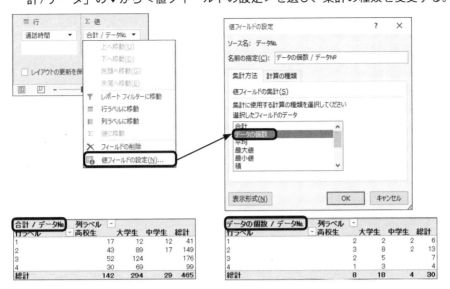

■ レイアウトの変更

レイアウトセクションの各ボックスで、移動したいフィールドをドラッグしてレイアウトを変更する。

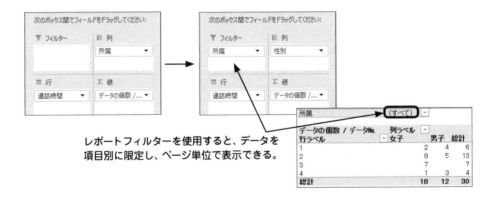

レポートフィルターを使用すると、データを項目別に限定し、ページ単位で表示できる。

■ ページの表示

レポートフィルターの項目の数だけシートを表示することができる。

① レポートフィルターの内容を「すべて」にしておく。

＜ピボットテーブルツール＞→＜分析＞タブ→＜ピボットテーブル＞グループ→＜オプション＞→＜レポートフィルター ページの表示＞を選ぶ。

② シート名にしたいフィールド名を指定する。

Lesson 97　ピボットテーブルの基礎 1

住居形態について30人にアンケートをとった。
1. 年齢別の形態別にピボットテーブルを用いてクロス集計しなさい。
　　ただし、年齢は次のように区分した。1＝20〜24歳、2＝25〜29歳、3＝30〜34歳、4＝35歳以上

データNo.	年齢	形態
1001	2	一人暮らし
1002	2	実家
1003	1	実家
1004	4	実家
1005	1	一人暮らし
1006	4	実家
1007	1	実家
1008	2	実家
1009	3	寮・社宅
1010	3	一人暮らし
1011	1	一人暮らし
1012	1	実家
1013	4	一人暮らし
1014	4	一人暮らし
1015	2	実家

データNo.	年齢	形態
1016	4	実家
1017	1	友達と同居
1018	2	一人暮らし
1019	2	実家
1020	4	一人暮らし
1021	4	友達と同居
1022	3	一人暮らし
1023	2	実家
1024	3	寮・社宅
1025	2	一人暮らし
1026	4	一人暮らし
1027	1	実家
1028	1	実家
1029	3	実家
1030	2	一人暮らし

【解答例】

データの個数 / データNo. 行ラベル	列ラベル 一人暮らし	実家	友達と同居	寮・社宅	総計
1		2	5	1	8
2		4	5		9
3		2	1		2	5
4		4	3	1	8
総計		12	14	2	2	30

おすすめピボットテーブル

表内の任意のセルをアクティブにし、＜挿入＞タブ→＜テーブル＞グループ→＜おすすめピボットテーブル＞から、選択したセル範囲のデータに基づき適切なピボットテーブルの候補を選ぶことができる。

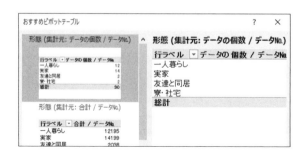

Lesson *98* ピボットテーブルの基礎 2

趣味とスポーツ施設建設の賛否について20人にアンケートをとった。

1. 趣味ごとに賛否がわかるようピボットテーブルを用いてクロス集計しなさい。

データNo.	趣味	賛否
1001	読書	賛成
1002	スポーツ	賛成
1003	読書	反対
1004	スポーツ	賛成
1005	音楽	反対
1006	映画	賛成
1007	読書	反対
1008	スポーツ	賛成
1009	音楽	反対
1010	スポーツ	賛成
1011	音楽	賛成
1012	音楽	反対
1013	スポーツ	賛成
1014	読書	反対
1015	読書	賛成
1016	音楽	賛成
1017	スポーツ	反対
1018	スポーツ	賛成
1019	映画	賛成
1020	スポーツ	賛成

【解答例】

データの個数 / データNo.	列ラベル		
行ラベル	賛成	反対	総計
スポーツ	7	1	8
映画	2		2
音楽	2	3	5
読書	2	3	5
総計	13	7	20

ピボットテーブルの応用

集計方法の設定を変更することによって、簡単に分析の視点を広げることができる。

ファイルL-97の「年齢」に実年齢を入力し、「性別」を追加する。

データNo.	年齢	性別		データNo.	年齢	性別		データNo.	年齢	性別
1001	28	男性		1011	22	女性		1021	39	男性
1002	25	女性		1012	24	女性		1022	30	女性
1003	20	男性		1013	36	男性		1023	25	男性
1004	35	女性		1014	38	男性		1024	31	女性
1005	21	女性		1015	29	女性		1025	28	男性
1006	37	男性		1016	38	女性		1026	37	男性
1007	23	男性		1017	20	男性		1027	22	女性
1008	26	女性		1018	28	男性		1028	24	男性
1009	31	男性		1019	26	男性		1029	30	女性
1010	30	女性		1020	39	女性		1030	27	女性

■ グループ化

年齢を使用してピボットテーブルを作成すると、すべての年齢が表示されるのでグループ化する。

データの 個数 / データNo.	列ラベル ▼				
行ラベル ▼	一人暮らし	実家	友達と同居	寮・社宅	総計
20		1	1		2
21	1				1
22	1	1			2
23		1			1
24		2			2
25		2			2
26		2			2

① 年齢フィールド内をアクティブにし、＜ピボットテーブルツール＞→＜分析＞タブ→＜グループ＞グループ→＜フィールドのグループ化＞を選ぶ。

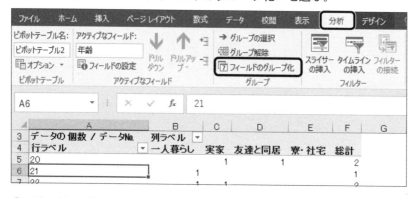

② それぞれに値を入力する。特に級を決める単位は重要である。

データの 個数 / データNo.	列ラベル ▼				
行ラベル ▼	一人暮らし	実家	友達と同居	寮・社宅	総計
20-24	2	5	1		8
25-29	4	5			9
30-34	2	1		2	5
35-39	4	3	1		8
総計	12	14	2	2	30

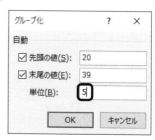

■ 計算の種類の変更

計算の種類を変更できる。例えば度数ではなく全体に対する比率を求める計算に変更する。

ピボットテーブル内をアクティブにし、ショートカットメニューの＜計算の種類＞から「総計に対する比率」を選ぶ。

データの個数 / データNo.	列ラベル				
行ラベル	一人暮らし	実家	友達と同居	寮・社宅	総計
20-24	6.67%	16.67%	3.33%	0.00%	26.67%
25-29	13.33%	16.67%	0.00%	0.00%	30.00%
30-34	6.67%	3.33%	0.00%	6.67%	16.67%
35-39	13.33%	10.00%	3.33%	0.00%	26.67%
総計	40.00%	46.67%	6.67%	6.67%	100.00%

■ データの更新

元となるデータの変更をピボットテーブルに反映させるには、＜ピボットテーブルツール＞→＜分析＞タブ→＜データ＞グループ→＜更新＞を選ぶ。

■ 詳細データの表示

集計セルをダブルクリックすると、集計されたデータの詳細が新規ワークシートに表示される。

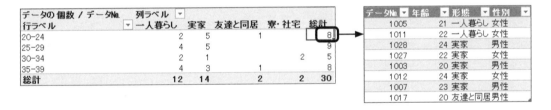

■ スライサーでデータを絞り込む

ピボットテーブルでの抽出をよりすばやく、簡単に行うことができる。また、クロス集計に表示されていない項目でも抽出することができる。

「性別」でデータを絞り込む

① ピボットテーブルをアクティブにし、＜ピボットテーブルツール＞→＜分析＞タブ→＜フィルター＞グループ→＜スライサーの挿入＞を選ぶ。

② スライサーを作成する項目（ここでは「性別」）を選び、絞り込みたい項目をクリックする。

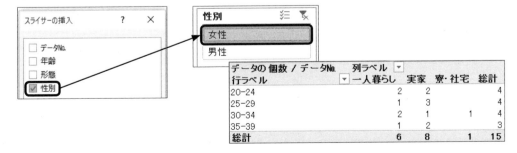

Lesson **99**　ピボットテーブルの応用 1

年齢と収入について30人にアンケート調査をおこなった。

1. 年齢別（20から49までの5歳きざみ）、年収別（200から899までの100きざみ）に
ピボットテーブルを用いてクロス集計しなさい。

回答者	年齢	年収（万円）
1	24	250
2	25	300
3	34	450
4	30	450
5	26	460
6	27	310
7	34	480
8	32	480
9	31	500
10	35	510
11	36	515
12	31	520
13	35	490
14	33	520
15	49	830

回答者	年齢	年収（万円）
16	42	540
17	25	250
18	35	400
19	38	470
20	40	680
21	45	710
22	20	200
23	22	240
24	28	320
25	30	430
26	34	480
27	42	600
28	48	750
29	30	620
30	47	820

【解答例】

データの個数 / 回答者 行ラベル	列ラベル 200-299	300-399	400-499	500-599	600-699	700-799	800-899	総計
20-24	3							3
25-29	1	3	1					5
30-34			6	3	1			10
35-39			3	2				5
40-44				1	2			3
45-49						2	2	4
総計	4	3	10	6	3	2	2	30

アドバイス

ピボットグラフ

ピボットテーブルからグラフを作成することができる。そのグラフを他のグラフと区別してピボットグラフと呼ぶ。

ピボットテーブル上の任意のセルを選び、＜ピボットテーブルツール＞→＜分析＞タブ→＜ツール＞グループ→＜ピボットグラフ＞を選ぶ。

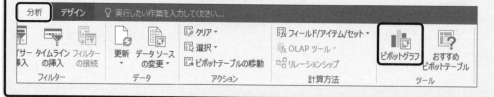

Lesson *100* ピボットテーブルの応用 2

3か月の家計支出のデータである。
1. 日付別に費目ごとの金額の合計をクロス集計しなさい。
2. 月ごとにグループ化しなさい。
3. スライサーを使用し4月のデータを絞り込み、総額に対する各費目の割合を求めなさい。

日付	費目	金額
3月1日	食費	2,580
3月5日	交通費	560
3月10日	食費	1,000
3月15日	交際費	3,000
3月16日	交通費	400
3月20日	食費	3,000
3月22日	交際費	1,000
3月25日	交通費	1,050
3月26日	食費	800
3月30日	食費	2,630

日付	費目	金額
4月3日	交際費	1,500
4月5日	食費	1,200
4月8日	交際費	1,800
4月10日	食費	2,100
4月13日	食費	800
4月15日	交通費	450
4月20日	交際費	900
4月21日	交際費	1,050
4月28日	交通費	700
4月30日	食費	2,230

日付	費目	金額
5月2日	食費	1,680
5月5日	交際費	1,200
5月6日	交通費	900
5月9日	食費	1,500
5月11日	交通費	600
5月16日	食費	1,300
5月18日	交際費	1,050
5月21日	食費	880
5月26日	交通費	400
5月29日	交際費	1,430

📎 アドバイス

タイムライン

ピボットテーブルをアクティブにし、＜ピボットテーブルツール＞→＜分析＞タブ→＜フィルター＞グループ→＜タイムライン＞（Excel 2019では＜タイムラインの挿入＞）ボタンをクリックするとタイムラインが挿入され、ドラッグ操作だけで簡単に日付によるデータの絞り込みをすることができる。

また、日付が自動的に月別（年のデータがあれば年別）にグループ化され、クリックすると詳細を確認することができる

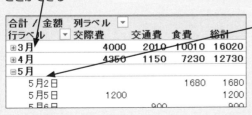

著者プロフィール

森 夏節（もり かおり）
　酪農学園大学　環境共生学類　教授（フィールド情報学研究室）
　コンピュータリテラシ、情報処理、GISなどの科目を担当
　コンピュータ利用教育学会（CIEC）　各種委員

常見 ひろこ（つねみ ひろこ）
　札幌大谷大学・札幌大谷大学短期大学部　講師
　札幌国際大学　講師
　酪農学園大学　講師
　札幌商工会議所付属専門学校　講師
　北海道武蔵女子短期大学　講師
　北海道文教大学　講師
　コンピュータ利用教育学会（CIEC）　北海道支部世話人

■本書についての最新情報、訂正、重要なお知らせについては下記Webページを開き、書名もしくはISBNで検索してください。ISBNで検索する際は ‐（ハイフン）を抜いて入力してください。

https://bookplus.nikkei.com/catalog/

■本書に掲載した内容についてのお問い合わせは、下記Web ページのお問い合わせフォームからお送りください。電話およびファクシミリによるご質問には一切応じておりません。なお、本書の範囲を超えるご質問にはお答えできませんので、あらかじめご了承ください。ご質問の内容によっては、回答に日数を要する場合があります。

https://nkbp.jp/booksQA

初歩から実用まで
100題で学ぶ表計算 第4版　Excel 2016/2019対応

2012 年 4 月 23 日　初版発行
2024 年 3 月 14 日　第 4 版第 3 刷発行

著　者●森 夏節、常見ひろこ
発行者●中川ヒロミ
発　行●株式会社日経BP
発　売●株式会社日経BPマーケティング
　　　　〒105-8308　東京都港区虎ノ門 4-3-12
装　丁●松岡 青子（Club　Advance）
制　作●株式会社シンクス
印　刷●大日本印刷株式会社

©2021　Kaori Mori, Hiroko Tsunemi　　Printed in Japan
ISBN978-4-296-05010-9

本書の注意点

- ・本書の内容は2023年10月中旬の情報をもとに構成しています。本書発行後、ソフトウェアおよびサービスの機能、画面などが変更される場合があります。
- ・本書はWindows 11のGoogle ChromeでChatGPTの無料版（GPT-3.5）を使用した場合とios用の公式アプリを使用した場合の解説を行っています。また、WordやExcelの画面はMicrosoft 365を使用しています。これ以外のバージョンでは画面や操作手順が異なる場合があります。
- ・本書に記載されている会社名、製品名、サービス名などは、米国およびその他の国における登録商標または商標です。本文中ではTM、®マークは明記しておりません。
- ・本書の掲載内容に基づいて操作する場合、操作ミスなどによる不具合の責任は負いかねます。
- ・本書に関するご質問は、封書（返信用切手を同封の上）のみで受付いたします。追って封書で回答させていただきます。内容によっては、回答に時間を要することがございます。
- ・本書では、紙数の関係でChatGPTの回答の一部を省略しています。省略した箇所には「以下省略」と示しています。
- ・ChatGPTは、毎回異なる回答を行います。本書に掲載した回答は、一例です。